INTERNATIONALE NUDELGERICHTE

ANGIOVESE
ROMAGNA
DI ORIGINE CONTROLLATA
Antica
S.P.A. SONA · ITALIA

INTERNATIONALE NUDELGERICHTE

100 RAFFINIERTE GERICHTE
MIT FRISCHEN NUDELN

BRIDGET JONES

KÖNEMANN

This book was designed and produced by
Quintet Publishing Limited
6 Blundell Street
London N7 9BH

Creative Director: Richard Dewing
Designer: Ian Hunt
Project Editor: Katie Preston
Editor: Diana Vowles
Photographer: Trevor Wood
Illustrator: Annie Ellis

Original title: The Fresh Pasta Cookbook

Bonner Str. 126, D-50968 Köln
Redaktion und Satz der deutschen Ausgabe:
Thomas Heider, Bergisch Gladbach
Übersetzung aus dem Englischen: Cornell Ehrhardt, Goldenstedt
Druck und Bindung: Sing Cheong Printing Co., Ltd.
Printed in Hong Kong

ISBN 3-89508-192-2

Inhalt

KAPITEL 1

PERFEKTE NUDELN *jederzeit*

Einfache Teigwaren italienischer Art selbst herzustellen ist nicht schwierig. Alles, was man braucht, ist ein wenig Muskelkraft zum Kneten und Ausrollen – oder eine Nudelmaschine, mit der sich die Zutaten mühelos zu einem glatten, geschmeidigen Teig verarbeiten lassen. Das Herstellen von Nudelteig zahlt sich aus, und sei es nur für gefüllte Pasta wie Tortellini oder

Ravioli; neben der großen Auswahl an Füllungen, die man verwenden kann, sind die fertigen Nudeln von weitaus besserer Qualität als durchschnittliche (oder selbst etwas bessere) gekaufte Produkte. Wer möchte, kann gefüllte Nudeln auch auf Vorrat zubereiten und zur späteren Verwendung einfrieren. Für die meisten Rezepte der folgenden Kapitel sind nicht unbedingt Nudeln aus der eigenen Küche erforderlich. Jeder größere Supermarkt führt eine Auswahl frischer Teigwaren, darunter gewöhnlich Spiralnudeln, die man nicht selbst herstellen kann, Eiernudeln, Spaghetti, Lasagne, Paglia e fieno und Fettucine. Mit Aromazutaten eingefärbter Pasta-Teig ist von unterschiedlicher Qualität – grüne Spinatnudeln sind beliebt und schmecken gut; Pasta mit Kräutern sind dagegen oft minderwertig und können sogar den Geschmack einer guten selbst zubereiteten Sauce verderben. Bunte Pasta und frische Gnocchi guter Qualität findet man in vielen italienischen Feinkostgeschäften. Asiatische Nudeln und

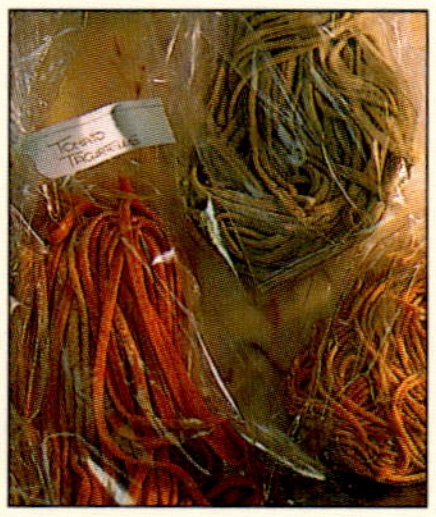

Nudelteigblätter sind in speziellen Lebensmittelmärkten ebenfalls frisch erhältlich. Frische chinesische Eiernudeln, Teighüllen für won-tan und Nudeln aus Reismehl haben ein feineres Aroma als getrocknete Produkte und lassen sich überdies ausgezeichnet einfrieren. Es lohnt sich daher, eine Bezugsquelle ausfindig zu machen und größere Mengen zu kaufen. Ich habe ein Rezept für won-tan-Teig aufgeführt, der sich einfach zubereiten läßt und als Hülle für viele verschiedene dim sum (Appetithappen) dienen kann; das Hochschleudern und gleichzeitige Drehen von Teigsträngen zur Herstellung langer, dünner Eiernudeln ist dagegen eher etwas für Profis. Nudeln selbst herzustellen bereitet nicht nur Vergnügen, sondern verbessert auch die Qualität der fertigen Gerichte – binden Sie sich also eine große Schürze um und legen Sie los.

AUSRÜSTUNG

Um Nudeln herzustellen, benötigt man keine speziellen Geräte. Eine große Arbeitsfläche ist von Vorteil, aber nicht Voraussetzung, da sich der Teig stets auch in zwei oder mehr Portionen ausrollen läßt. Wichtig sind eine Rührschüssel, ein Löffel und ein Nudelholz, wobei ein extralanges Nudelholz besonders nützlich ist (es sollte aber keine Griffe haben, die sich in den Teig drücken können). Wer möchte, kann sich die Arbeit mit folgenden Utensilien erleichtern:

Teigrädchen Ein gezacktes Teigrädchen zum Ausschneiden von Ravioli.

Ravioli-Blech Ein kleines Metallblech mit runden oder quadratischen Vertiefungen. Eine Teigplatte auf das Blech legen, den Teig sorgfältig in die Vertiefungen drücken und etwas Füllung hineingeben. Mit Ei bestreichen, eine zweite Teigplatte darauflegen und mit dem Nudelholz darüberrollen, um die Ränder anzudrücken, bevor die Ravioli geschnitten werden.

Nudelmaschine Eine kleine, schwere Maschine aus Metall zum Ausrollen von Nudelteig. Ausgestattet mit glatten Walzen, deren Abstände sich verstellen lassen, ist diese einfache, preiswerte Maschine einfach phantastisch. Der Teig wird kurz von Hand durchgeknetet und dann mehrmals mit breitem Walzenabstand durch die Maschine gedreht.

Zum Ausrollen von Nudelplatten wird der Walzenabstand verringert; zum Schneiden von Bandnudeln oder Spaghetti gibt es spezielle Vorsteckwalzen. Mit Hilfe eines trichterähnlichen Aufsatzes kann man kleine, gleichmäßige Ravioli herstellen.

Elektrische Nudelmaschinen Es gibt große, teure Maschinen, die den Teig mischen, kneten und dann durch auswechselbare Scheiben pressen. Solche Geräte sind etwas für leidenschaftliche Nudelfreunde, für durchschnittliche Haushalte lohnt sich diese Anschaffung aber kaum.

Nudelständer Ein kleines Holzgestell, auf das man die geschnittenen Nudeln oder Teigplatten hängt.

UNTEN
Eine handbetriebene Nudelmaschine mit Aufsätzen und Zubehör für gefüllte Pasta.

Nudelteigzubereitung

1 *Nudelteig kneten.*

2 *Nudelteig ausrollen.*

3 *Mit Ausstechförmchen hergestellte Nudeln.*

NUDEL-HERSTELLUNG

Mischen und Kneten

Im Gegensatz zu Kuchenteig braucht Nudelteig eine „feste Hand" und muß kräftig durchgeknetet werden. Der Teig erscheint zunächst recht trocken und krümelig, doch das Öl und das Ei werden beim Kneten vollständig vom Mehl aufgenommen, und es entsteht ein glatter, geschmeidiger Teig.

❶ Die Zutaten in eine Schüssel geben und zunächst mit einem Löffel, dann mit der Hand vermischen.

❷ Bereits in der Schüssel mit dem Kneten beginnen. Den Teig zusammen nehmen und in der Schüssel hin- und herrollen, damit keine Teigreste an der Schüssel haften bleiben.

❸ Den Nudelteig auf der leicht bemehlten, sauberen Arbeitsfläche zu einer Kugel kneten. Dabei gerade soviel Mehl auf die Arbeitsfläche stäuben, wie unbedingt erforderlich ist, damit der Teig nicht festklebt.

❹ Den Teig, sobald er zusammenhält, fest und gleichmäßig durchkneten. Ihn dazu immer wieder nach unten und gleichzeitig zur Seite drücken; anschließend den Rand nach innen zur Mitte ziehen. Den Teig nach und nach drehen, damit nicht nur eine Seite geknetet wird. Ständiges Bewegen des Teigs verhindert, daß er an der Arbeitsfläche festklebt.

❺ Den Teig kneten, bis er glatt und warm ist. Den fertigen Nudelteig in einen Plastikbeutel stecken oder in Klarsichtfolie wickeln und vor dem Ausrollen nach Möglichkeit 15–30 Minuten ruhen lassen.

Ausrollen

Am besten ist es, wenn der Teig bereits während des Ausrollens die gewünschte Form hat. Die Teigkugel flachdrücken und dabei zu einem Rechteck oder Quadrat formen. Mit dem Nudelholz kräftig darüberrollen, den Teig anheben und zu Beginn einige Male „ausschütteln", um so zu verhindern, daß er an der Arbeitsfläche festklebt. Je dünner der Teig wird, desto behutsamer muß man ihn behandeln, damit er nicht reißt. Pasta-Teig ist jedoch weniger empfindlich als Kuchenteig, und je glatter er beim Ausrollen wird, desto fester ist er. Er läßt sich hauchdünn ausrollen, ohne zu reißen, doch ist dies für die meisten Pasta-Gerichte nicht so wichtig. Die Arbeitsfläche beim Ausrollen von Zeit zu Zeit mit Mehl bestäuben, und auch die Oberseite der Teigplatte leicht bemehlen; dazu etwas Mehl mit der Hand darüber reiben. Den Teig ausrollen, bis er gleichmäßig dünn ist – ein verbreiteter Fehler ist, daß Nudelteig nicht dünn genug ausgerollt wird, und die gekochte Pasta dann unangenehm fest wird. Für Bandnudeln oder Pasta, die mit einer Sauce serviert wird, sollte man den Teig auf die Stärke von Packpapier ausrollen: Dies ergibt erstklassige Nudeln.

Achten Sie darauf, daß die Arbeitsfläche unter dem Teig immer bemehlt ist. Den Teig dann vollständig mit Klarsichtfolie abdecken und 10 Minuten ruhen lassen. Auf diese Weise verliert der Teig seine Spannung – das ist nicht unbedingt nötig, verhindert jedoch, daß sich der Teig beim Schneiden zusammenzieht.

OBEN
Ein Stand mit Obst und Gemüse in Italien.

Nudeln schneiden

Man braucht dazu ein großes, scharfes Messer und eine große bemehlte Platte oder ein Backblech für die geschnittene Pasta. Den Teig vor dem Schneiden leicht bemehlen. Auch nach dem Schneiden müssen die Nudeln immer mit Mehl bestäubt sind, damit sie nicht aneinanderkleben. Pasta kann vor dem Kochen getrocknet werden, indem man sie auf ein Gestell hängt oder flach ausbreitet. Früher habe ich meine Nudeln zwischen zwei Stuhllehnen (mit untergelegtem Küchenkrepp) gehängt. Offen gestanden konnte ich aber keinen großen Vorteil im Trocknen der Pasta erkennen und habe es stets für unpraktisch und unhygienisch gehalten. Selbstgemachte Pasta läßt sich ohne weiteres direkt nach dem Ausrollen in kochendem Wasser garen.

Nudelblätter Die Ränder gerade schneiden; den Nudelteig in Quadrate oder Rechtecke schneiden. Lasagne-Blätter passend zur Größe der Form schneiden.

Bandnudeln Den Teig gut mit Mehl bestäuben und dann aufrollen. Die Rolle mit einem scharfen Messer in 5 mm breite Streifen schneiden. Die Streifen behutsam schütteln, so daß sie sich zu langen Bandnudeln entrollen. Die Nudeln mit Mehl bestäuben und locker übereinanderlegen, damit sie nicht zusammenkleben. Locker mit Klarsichtfolie abdecken.

Kreise und sonstige Formen Zum Ausstechen von Kreisen und anderen Formen Keks- und Aspikausstecher verwenden.

Quadrate Die Teigränder geradeschneiden, dann mit Hilfe eines langen Lineals den Teig in breite Streifen schneiden. Die Streifen quer in Quadrate teilen.

Kleine Quadrate Ein Lineal verwenden und den Teig in 2,5 cm breite Streifen schneiden, dann quer in Quadrate teilen. Die kleinen Quadrate können wie gekaufte Nudeln gekocht und verarbeitet werden.

Andere Formen Wer Zeit und Lust hat, kann Nudeln auch in anderen Formen herstellen. Den Teig in Streifen schneiden, dann in kleine Rechtecke oder Quadrate. Durch Drehen, Fälteln oder Zusammenkneifen entstehen Schleifen, lustige kleine Spiralen und andere phantasievolle Formen. Leider ist das recht zeitaufwendig.

LINKS
Frische selbstgemachte Pasta-Quadrate.

RECHTS
Frische selbstgemachte Pasta-Schleifen.

Frische Nudeln kochen

Nudeln müssen in reichlich kochendem Wasser gegart werden. Obwohl man mit weniger Wasser auskommt als der in Originalrezepten empfohlenen Menge, benötigt man einen großen Topf mit einem Fassungsvermögen von 3,5 bis 4 l, um 350 bis 450 g Pasta zu kochen. Gut geeignet ist ein Suppentopf oder ein sehr großer Dampfkochtopf, der ohne Deckel verwendet wird.

Den Topf zu drei Viertel mit Wasser füllen. Salz hinzufügen und das Wasser zum Kochen bringen. Um zu verhindern, daß das Wasser aufschäumt und überkocht, etwas Öl dazugießen. (Ein Zusammenkleben der Nudeln läßt sich durch Öl kaum verhindern: Ist der Topf groß genug, kleben die Nudeln ohnehin nicht zusammen.) Wenn das Wasser sprudelnd kocht, die Nudeln hineingeben und das Wasser rasch wieder zum Kochen bringen. Die Temperatur anschließend etwas herunterschalten, damit das Wasser nicht überkocht. Bandnudeln und andere ungefüllte Pasta etwa 3 Minuten kochen lassen. Gefüllte Nudeln brauchen länger, damit die Füllung gar wird.

Die fertigen Nudeln sollen „al dente" (mit Biß) sein, also noch leicht fest, aber nicht weich oder klebrig. Die gekochte Pasta sofort in einen großen Durchschlag abgießen. Den Durchschlag über dem Spülbecken hin- und herschütteln, die Nudeln dann in eine vorgewärmte Schüssel füllen und mit Dressing oder Sauce übergießen. Sofort servieren.

Nudeln im Kühlschrank aufbewahren

Die Nudeln mit reichlich Mehl bestäuben und in einem großen, luftdicht verschlossenen Behälter in den Kühlschrank stellen. Innerhalb von 2 Tagen kochen oder sofort einfrieren. Nicht ausgerollter Nudelteig kann eingewickelt für 1 bis 2 Tage im Kühlschrank aufbewahrt werden.

Übriggebliebene gegarte Nudeln

Die Nudeln rasch abkühlen und abgedeckt in einem Behälter in den Kühlschrank stellen. Im Mikrowellengerät erhitzen oder in einer Sauce auf dem Herd oder im Backofen aufwärmen.

Nudeln einfrieren

Rohen, frischen Pasta-Teig kann man sehr gut einfrieren, doch ist es am besten, ihn erst auszurollen und zu schneiden. Einzelne Teigblätter durch zwischengelegte Gefrierfolie trennen. Bandnudeln mit Mehl bestäuben, locker in Gefrierbeutel packen und zum Einfrieren recht flach ausbreiten, damit sie nicht zusammenklumpen. Gekaufte frische Pasta läßt sich gut im Gefrierschrank aufbewahren und ist ideal für improvisierte Mahlzeiten.

Tiefgefrorene Nudeln vor dem Kochen nicht auftauen, sondern direkt in kochendes Wasser geben und wie frische Nudeln garen. Nach erneutem Aufkochen des Wassers entspricht die Garzeit für Bandnudeln und die meisten anderen Nudelsorten ungefähr der von nicht gefrorener Pasta. Tiefgefrorene gefüllte Pasta braucht länger, damit die Füllung auftaut und heiß wird.

Gegarte Lasagne, Cannelloni und ähnliche Nudelgerichte lassen sich gut einfrieren, die meisten anderen Nudeln verlieren aber an Struktur, wenn man sie gekocht einfriert.

HINWEISE ZU DEN REZEPTEN

☛ Alle Löffelangaben beziehen sich auf die Standard-Meßlöffel. Verwenden Sie bitte kein Tafelbesteck, weil dabei das Volumen stark variieren kann. Die angegebenen Mengen beziehen sich auf gestrichene Meßlöffel.

EL = Eßlöffel ❖ TL = Teelöffel

☛ Backofentemperaturen beziehen sich auf konventionelle Backöfen; für Heißluftöfen die Angaben des Herstellers zu den Garzeiten und Temperaturen beachten.

☛ Falls nicht anders angegeben, werden als Zutaten immer frische Kräuter und keine getrockneten verwendet.

☛ Eier entsprechen stets der Gewichtsklasse 3, sofern nicht anders angegeben.

RECHTS
Traditioneller italienischer Schinken und Wein in einem Restaurant in Monte Reggiano in der Toskana.

RECHTS
Zum Einfrieren verpackte und beschriftete frische Bandnudeln.

Spinach
Tagliatelle
Tomato
Tagliatelle
Turmeric
Fettuccine

Pasta-Teig

ERGIBT ETWA 600 GRAMM NUDELN

350 g Mehl

1 TL Salz

3 Eier

4 EL Olivenöl

1 EL Wasser

Das Mehl und das Salz in einer großen Schüssel vermischen. In die Mitte eine Mulde drücken und die Eier, das Olivenöl und das Wasser hineingeben. Eier, Öl und Wasser mit einem Löffel vermischen und nach und nach das Mehl unterarbeiten. Wenn die Zutaten zusammenhalten, den Löffel sauberwischen und den Teig durchkneten.

Den Teig zu einer Kugel formen und durch die Schüssel rollen, bis keine Teigreste mehr an den Wänden haften. Den Nudelteig anschließend auf der leicht bemehlten, sauberen Arbeitsfläche kräftig durchkneten, bis er glatt ist. Dabei die Hinweise zum Kneten beachten (siehe Seite 9). Den Teig ständig in Bewegung halten und möglichst wenig zusätzliches Mehl dazugeben. Den Nudelteig in einen Gefrierbeutel legen und vor dem Ausrollen 15–30 Min. ruhen lassen – jedoch nicht im Kühlschrank, da er sich sonst nur schlecht ausrollen läßt.

Die Zutaten vermischen.

Pasta-Teig mit Aromazutaten

Folgende Abwandlungen des Grundrezeptes sind möglich:

Rote Bete 50 g gekochte und geschälte Rote Bete mit 2 Eiern in der Küchenmaschine oder im Mixer pürieren oder durch ein Sieb streichen (um die dunklen Stellen zu entfernen). Das Rote-Bete-Püree mit dem restlichen Ei zum Mehl geben. Das Öl und das Wasser weglassen. Dazu keine sauer eingelegten Rote Bete verwenden; sie sollten frisch gekocht, oder aber gekocht und ohne Zusätze vakuumverpackt sein.

Möhren Die Hälfte des Öls und des Wassers durch 2 EL Möhrensaft ersetzen und mit den Eiern zum Mehl geben. Naturreiner Möhrensaft ist in Reformhäusern und Bioläden erhältlich.

Kräuter 4 EL frisch gehackte gemischte Kräuter zum Mehl und Salz geben. Geeignet sind beispielsweise Petersilie, Thymian, Salbei, Estragon, Schnittlauch, Kerbel, Majoran und Fenchel. Rosmarin und andere Kräuter mit kräftigem Aroma nur in kleinen Mengen verwenden, damit das Aroma der zarteren Kräuter nicht überdeckt wird. Die Mischung kann aus zwei, drei oder mehr Kräutern bestehen, doch kommen zarte Kräuter wie Dill nicht zur Geltung, wenn sie mit vielen anderen Kräutern kombiniert werden. Dill mischt man am besten nur mit Schnittlauch und etwas Petersilie.

Oliven 100 g schwarze Oliven fein hacken und zum Mehl geben.

Spinat Etwa 225 g frischen Spinat waschen und putzen. Die nassen Blätter in einen Topf geben. Den Deckel fest auflegen und den Spinat 5 Min. bei starker Hitze garen; dabei immer wieder den Topf kräftig schütteln. Den Spinat über einer Schüssel in ein Sieb geben. Soviel Flüssigkeit wie möglich aus den Spinatblättern herausdrücken. Das Öl und das Wasser für den Nudelteig durch 6 EL Spinatflüssigkeit ersetzen.

Tomaten 1 EL Tomatenmark mit den Eiern verschlagen.

Kurkuma 1 TL gemahlene Kurkuma in das Mehl mischen. Ein ungewöhnliches Aroma bekommt die Pasta mit 1 TL weißen Kreuzkümmelsamen.

Walnuß Das Olivenöl durch Walnußöl ersetzen.

Won-tan-Teig

ERGIBT ETWA 350 GRAMM TEIG

175 g Mehl

50 g Maisstärke

eine Prise Salz

1 Ei, verschlagen

100 ml Wasser

Das Mehl mit der Maisstärke und dem Salz in eine Schüssel sieben und in der Mitte einmulden. Das Ei und das Wasser hineingeben und mit einem Löffel unter das Mehl arbeiten. Wenn die Mischung zusammenhält, den am Löffel haftenden Teig abschaben. Den Teig mit den Händen durcharbeiten, bis er sich sauber von der Schüssel löst. Den Nudelteig auf der Arbeitsfläche gut durchkneten, bis er sehr glatt ist. Dann in zwei Hälften schneiden und beide Portionen in Klarsichtfolie wickeln; 15–30 Min. ruhen lassen.

Beide Teigstücke nacheinander ausrollen. Arbeitsfläche und Nudelholz leicht mit Maisstärke bestäuben; den Teig dünn und gleichmäßig ausrollen.

Den Teig für *won-tan* quadratisch ausrollen und anschließend die Ränder geradeschneiden. Um den Teig in Streifen zu schneiden, ein langes, sauberes Lineal zu Hilfe nehmen und die Streifen anschließend quer in Quadrate teilen.

Eine andere Möglichkeit besteht darin, mit einem einfachen Ausstechförmchen runde Teigblätter auszustechen und diese für verschiedene *dim sum* zu verwenden, beispielsweise kleine Teigtaschen.

KAPITEL 2

EINFACHE NUDELN

Die besten Rezepte

Der Unterschied zwischen frischer und getrockneter Pasta zeigt sich besonders deutlich, wenn Nudeln die Hauptzutat eines Gerichts sind. Die Rezepte in diesem Kapitel dokumentieren, wie leicht es ist, einfache, leckere Pasta-Gerichte auf den Tisch zu bringen – mit der richtigen Mischung an Kräutern oder Gewürzen, etwas Obst, dem markanten Geschmack von Käse oder beliebten alltäglichen Zutaten, die einfallsreich kombiniert werden. Viele dieser Rezepte lassen sich schnell zubereiten und einfach servieren. Zum Anrichten von Pasta eignen sich große, farbenfrohe Schüsseln besonders gut, vor allem, wenn es sich um Rezepte nach dem Motto „alles in einen Topf“ handelt. Möchte man Beilagen zu den Nudeln reichen, dann ist Altbewährtes oftmals das Beste: Ein appetitlicher grüner Salat und warmes, knuspriges Brot genügen vollkommen und sind – außer bei sehr hungrigen Zeitgenossen – oftmals gar nicht nötig!

Pasta mit Olivenöl und Knoblauch

Gutes Olivenöl und dicke frische Knoblauchzehen verwandeln einen Teller frische Nudeln in ein kleines kulinarisches Ereignis! Die Menge an Öl und Knoblauch läßt sich nach eigenem Geschmack erhöhen, und die Nudeln können mit frisch geriebenem Parmesankäse serviert werden.

FÜR 4 PERSONEN

100–150 ml Olivenöl

4 Knoblauchzehen, gehackt

frisch gemahlener schwarzer Pfeffer

450 g Tagliatelle oder Spaghetti

In einem kleinen Topf das Öl mit dem Knoblauch erhitzen. Den Knoblauch 2 Min. behutsam garen – er soll nicht braten, sondern lediglich das Öl aromatisieren. Das Öl mit dem Knoblauch und frisch gemahlenem schwarzem Pfeffer unter die abgetropften Nudeln heben. Sofort servieren.

Pasta mit Butter und Parmesan

FÜR 4 PERSONEN

75 g Butter
75 g frisch geriebener Parmesankäse
450 g Pasta
frisch gemahlener schwarzer Pfeffer

Die Butter weich werden lassen, dann nach und nach den Parmesan untermengen und die Mischung kräftig durchrühren, bis sie cremig ist. In Flöckchen auf die abgetropfte Pasta setzen, dann alles gründlich durchheben und nach Geschmack mit frisch gemahlenem schwarzem Pfeffer würzen. Anschließend sofort servieren.

Spaghetti mit Walnüssen und Oliven

FÜR 4 PERSONEN

75 ml Olivenöl
etwas Butter
1 Knoblauchzehe, zerdrückt (nach Belieben)
175 g Walnußkerne, feingehackt
100 g schwarze Oliven, grobgehackt
2 EL Kapern, gehackt
4 EL gehackte Petersilie
frisch gemahlener schwarzer Pfeffer
450 g Spaghetti

Öl und Butter (mit dem Knoblauch, falls verwendet) erhitzen, bis die Butter schmilzt. Gehackte Walnüsse unterrühren, 2 Min. garen, dann Oliven, Kapern, Petersilie, etwas Salz und reichlich Pfeffer dazugeben. Abgetropfte Nudeln mit der Mischung übergießen, gut durchheben und sofort servieren.

UNTEN
Die traumhafte italienische Landschaft südlich von Siena.

RECHTS
Spaghetti mit Walnüssen und Oliven.

Tagliatelle mit Kichererbsen und Basilikum

Nudeln und Kichererbsen gehören zu meinen Lieblingsgerichten am Abend – besonders mit frischem aromatischem Basilikum.

FÜR 4 PERSONEN

4 EL Olivenöl

1 Knoblauchzehe, zerdrückt

6 EL Schnittlauchröllchen

4 Salbeiblätter, gehackt

Salz und frisch gemahlener schwarzer Pfeffer

2 Dosen Kichererbsen (je 400 g), abgetropft

450 g grüne Tagliatelle

6 Stengel Basilikum

In einem großen Topf das Olivenöl mit dem Knoblauch, Schnittlauch, Salbei, Salz, frisch gemahlenem schwarzem Pfeffer und den Kichererbsen ca. 3 Min. erhitzen. Die Zutaten sollen heiß, aber nicht gegart werden. Die abgetropfte Pasta dazugeben und gründlich durchheben. Auf niedrigste Temperatur schalten und das Basilikum mit der Schere in dünne Streifen schneiden; harte Stengelenden wegwerfen. Erneut behutsam durchheben und servieren.

Spiralnudeln mit Weintrauben und Ziegenkäse

Diese Nudeln eignen sich als leichtes Mittagessen oder als Vorspeise. Reichen Sie dazu Baguette.

FÜR 4 PERSONEN

2 Scheiben runder Ziegenkäse (Chèvre), jeweils in 8 kleine Stücke geschnitten

175 g kernlose helle Weintrauben

2 Bund Brunnenkresse, geputzt, in Stücke gezupft

4 Frühlingszwiebeln, gehackt

abgeriebene Schale und Saft von 1 unbehandelten Orange

4 EL Olivenöl

Salz und frisch gemahlener schwarzer Pfeffer

350 g Spiralnudeln

In einer großen Schüssel den Ziegenkäse, die Weintrauben, die Brunnenkresse und die Frühlingszwiebeln vermischen. Die abgeriebene Orangenschale und den Saft, das Olivenöl sowie etwas Salz und reichlich frisch gemahlenen schwarzen Pfeffer dazugeben. Alles gründlich durchheben. Die heißen, abgetropften Nudeln auf vier Portionstellern anrichten und jeweils ein Viertel der Käsemischung daraufgeben. Sofort servieren.

Nudeln mit Trockentomaten und Wermut

Im Kühlschrank hält sich ein Glas mit dem Dressing mehrere Wochen.

FÜR 4 PERSONEN

12 sonnengetrocknete Tomaten

175 ml trockener weißer Wermut

1 Lorbeerblatt

1 großer Stengel Majoran

100 ml Olivenöl

450 g kleine Pasta-Quadrate (s. Seite 14), Spiralnudeln oder durchgebrochene Spaghetti

frisch gemahlener schwarzer Pfeffer

1 rote oder weiße Zwiebel, in dünne Ringe geschnitten

frisch geriebener Parmesankäse (zum Servieren)

Getrocknete Tomaten über einem großen Schraubdeckelglas mit einer Küchenschere in Streifen, dann quer in kleine Stücke schneiden. Wermut, Lorbeerblatt und Majoran hinzufügen, das Öl dazugießen und das Glas verschließen. Zutaten gründlich schütteln und anschließend mindestens 3 Stunden stehenlassen – je länger, desto besser, am besten über Nacht. Die Tomatenmischung in einen kleinen Topf geben und langsam erhitzen, bis alles gerade kocht. Temperatur herunterschalten und die Mischung unter gelegentlichem Rühren sanft köcheln, während die Nudeln gekocht werden. Tomaten gründlich durchrühren und über die heißen, abgetropften Nudeln gießen. Mit frisch gemahlenem schwarzem Pfeffer würzen. Die Nudeln durchheben, um sie mit dem Dressing zu überziehen. Mit Zwiebelringen garnieren und Parmesankäse dazu reichen.

Tips & Tricks

Getrockneter Majoran ist für diese Sauce zu streng. Steht kein frischer Majoran zur Verfügung, können Sie statt dessen einen sehr kleinen Zweig Thymian oder etwas frischen Salbei verwenden. Rote und weiße Zwiebeln sind mild und eignen sich daher ideal zum Rohverzehr. Mir gefällt der Kontrast zwischen den knackigen Zwiebeln und dem Dressing aus getrockneten Tomaten.

Pasta mit Schinken und zweierlei Pfeffer

FÜR 4 PERSONEN

2 EL getrocknete rote Pfefferkörner, grob zerstoßen

2 EL getrocknete grüne Pfefferkörner, grob zerstoßen

4 EL gehackte Petersilie

4 EL Schnittlauchröllchen

1/2 Salatgurke, geschält

2 TL gehackte Minze (nach Belieben)

450 g Pasta

50 g Butter

350 g magerer Kochschinken, in feinen Streifen

Rote und grüne Pfefferkörner, Petersilie und Schnittlauch mischen. Die Gurke in 2,5 cm lange Stücke, senkrecht in Scheiben, dann in feine Streifen schneiden. Die Minze mit den Gurkenstreifen vermischen.

Während die Nudeln kochen, Butter zerlassen. Die heiße Butter und den Schinken unter die abgetropften Nudeln heben. Die Pfeffermischung darüberstreuen und leicht unterheben. Jede Portion mit Gurkenstreifchen garnieren. Sofort servieren.

LINKS
Nudeln mit Trockentomaten und Wermut.

Grüne Nudeln mit Spargel

Dieses Rezept ist wirklich einfach und unübertrefflich, vor allem, wenn man den Spargel direkt vom Spargelbauern beziehen kann und frisch verarbeitet. Verfechter einer gesunden Küche können den Spargel auch in 1 Eßlöffel heißem Olivenöl schwenken und ein wenig Fromage frais unter die Nudeln mischen, statt zuviel Butter zu verwenden.

FÜR 4 PERSONEN

450 g grüner Spargel (holzige Enden wegschneiden)

75 g Butter

Salz und frisch gemahlener schwarzer Pfeffer

450 g Tagliatelle verdi oder kleine Pasta-Quadrate mit Spinat (s. Seite 14)

3 EL gehackter frischer Dill

frisch geriebener Parmesankäse zum Servieren (nach Belieben)

Den Spargel 10–20 Min. in kochendem Salzwasser garen, bis er gerade weich ist. Steht kein spezieller Spargeltopf zur Verfügung, den Spargel so in einen hohen Kochtopf stellen, daß die Köpfe oben ein Stück herausragen. Den Topf zeltförmig mit Alufolie abdecken und die Folie am Rand sorgfältig zusammendrücken, damit kein Dampf entweichen kann. Frischer, junger Spargel muß 10 Min. kochen, dickere oder ältere Stangen länger.

Während die Nudeln kochen, die Butter erhitzen. Den Spargel abgießen, in kurze Stücke schneiden und in der Butter schwenken. Mit etwas Salz und frisch gemahlenem schwarzem Pfeffer würzen. Den Spargel mit der Butter zu den abgetropften Nudeln geben, Dill darüberstreuen und alles gut durchheben. Sofort servieren. Nach Belieben frisch geriebenen Parmesankäse dazu reichen.

Spaghetti mit Räucherwurst und Möhren

Eine gute, preiswerte und sättigende Mahlzeit für abends: Die Süße der Möhren bildet einen reizvollen Kontrast zu der aromatischen Wurst. Geräucherte Knoblauchwurst schmeckt besonders gut.

FÜR 4 PERSONEN

3 EL Olivenöl

1 Zwiebel, halbiert, in feinen Streifen

225 g Möhren, grob geraspelt

450 g Räucherwurst, in Streifen geschnitten

Salz und frisch gemahlener schwarzer Pfeffer

450 g Spaghetti

50 g Butter

Das Öl in einer großen Pfanne erhitzen. Zwiebeln dazugeben und 5 Min. garen. Dann die Möhren und die Wurststreifen hinzufügen. Alles unter häufigem Rühren ca. 10 Min. garen, bis die Wurststücke teilweise gebräunt und die Möhren halb gar sind. Nach Geschmack salzen und pfeffern. Butter zu den Möhren und der Wurst geben und das Ganze unter die abgetropften Spaghetti heben. Sofort servieren.

Frische grüne Pasta

Diese Zutaten eignen sich auch für einen Salat. Verwendet man sehr kleine Pasta-Quadrate, kann die heiße Mischung auch in ausgehöhlte Tomaten gefüllt und als Vorspeise serviert werden.

FÜR 4 PERSONEN

225 g enthülste oder tiefgefrorene Erbsen

4 EL Olivenöl oder 50 g Butter

4 Frühlingszwiebeln, gehackt

2 Avocados, halbiert, in Stücke geschnitten

Saft von 1/2 unbehandelten Zitrone

Salz und frisch gemahlener schwarzer Pfeffer

450 g grüne Pasta

1 EL gehackte Minze

Minzestengel zum Garnieren (nach Belieben)

Die Erbsen 10 Min. in kochendem Salzwasser garen. In einem Topf das Öl erhitzen oder die Butter zerlassen. Die Frühlingszwiebeln hinzufügen und 1 Min. garen. Dann die Erbsen, die Avocadostücke und den Zitronensaft unterrühren. Nach Geschmack mit Salz und Pfeffer würzen.

Die Gemüsemischung unter die abgetropften Nudeln heben. Mit gehackter Minze bestreuen und nach Belieben mit Minzestengeln garnieren. Sofort servieren.

Nudeln mit Ei und Tomate

Vertraute Zutaten, die gut miteinander harmonieren, sind hier zu einem ungewöhnlichen, schmackhaften Nudelgericht vereint.

FÜR 4 PERSONEN

450 g Tomaten, abgezogen und grobgehackt (siehe Tip)

Salz und frisch gemahlener schwarzer Pfeffer

4 EL gehackte Petersilie

8 Eier

Butter

450 g Pasta

frisch geriebener Parmesan- oder Cheddar-Käse

Die Tomaten in eine Schüssel geben, kräftig würzen und die Petersilie untermischen. Die Eier in einem Topf mit kaltem Wasser bedecken und zum Kochen bringen. 10 Min. kochen lassen, dann abgießen. Die Eier unter fließend kaltem Wasser schälen, dann in Achtel schneiden.

Die heißen Eier und die Butter unter die Pasta heben. Wenn die Butter geschmolzen ist, die Tomaten untermischen. Jede Portion mit geriebenem Käse bestreuen und sofort servieren.

Tips & Tricks

Tomaten zum Abziehen in einer Schüssel mit kochendem Wasser übergießen und 30–60 Sekunden stehenlassen; bei reifen Tomaten löst sich die Haut rasch, unreife müssen evtl. 30 Sekunden länger im Wasser bleiben. Die Haut mit einem scharfen, spitzen Messer einschneiden und abziehen.

Tagliatelle mit Kohl und Sesam

Kräuter-Tagliatelle sind für dieses Rezept ideal.

FÜR 4 PERSONEN

4 EL Sonnenblumenöl

1 große Zwiebel, gehackt

1 Knoblauchzehe, zerdrückt

3 EL Sesam

3 EL Korinthen

Salz und frisch gemahlener schwarzer Pfeffer

450 g Rot- oder Weißkohl, in Streifen geschnitten

1 EL Apfelessig

450 g Tagliatelle

Das Öl erhitzen, dann Zwiebel, Knoblauch, Sesam und Korinthen dazugeben. Nach Geschmack salzen und pfeffern. Bei schwacher bis mittlerer Hitze ca. 20 Min. unter häufigem Rühren garen, bis die Zwiebel weich ist. Kohl untermischen und alles ca. 10 Min. unter häufigem Rühren garen, bis der Kohl bißfest ist. Apfelessig zugeben und die Zutaten gut durchrühren. Gemüsemischung unter die abgetropften Tagliatelle heben. Sofort servieren.

Pasta-Quadrate mit geräuchertem Tofu

Nudeln, mit Kräutern oder Tomaten aromatisiert, passen sehr gut zu geräuchertem Tofu. Oder Sie kaufen frische Spiralnudeln oder *Paglia e fieno*.

FÜR 4 PERSONEN

2 EL Olivenöl

25 g Butter

4 Stangen Bleichsellerie, in feine Würfel geschnitten

1 grüne Paprikaschote, ohne Samen, gewürfelt

Salz und frisch gemahlener schwarzer Pfeffer

450 g geräucherter Tofu, in kleine Würfel geschnitten

abgeriebene Schale von 1 unbehandelten Zitrone

2 Frühlingszwiebeln, feingehackt

3 EL gehackte Petersilie

450 g kleine Pasta-Quadrate (Seite 14)

Zitronenachtel (zum Servieren)

In einem großen Topf das Öl und die Butter erhitzen. Den Bleichsellerie dazugeben und unter Rühren 5 Min. garen. Die Paprikaschote, etwas Salz und reichlich frisch gemahlenen schwarzen Pfeffer hinzufügen. Alles gut durchrühren und 10 Min. bei niedriger Temperatur garen. Die Tofuwürfel behutsam unter das Gemüse heben und etwa 5 Min. heiß werden lassen.

Abgeriebene Zitronenschale, Frühlingszwiebeln und Petersilie vermischen. Die Tofu-Gemüse-Mischung unter die abgetropften Nudeln heben. Auf Portionsschalen verteilen, mit der Frühlingszwiebelmischung bestreuen und mit Zitronenachteln servieren. Nach Belieben den Saft der Zitrone über die Nudeln träufeln.

UNTEN
Der Ponte Vecchio in Florenz.

Pasta mit Eiern und Estragon

Hier eine schmackhafte Alternative zu pochierten Eiern auf Toast. Halbe Portionen kann man als Vorspeise oder leichte Zwischenmahlzeit reichen.

FÜR 4 PERSONEN

75 g Butter (oder Olivenöl oder eine Mischung aus Butter und Olivenöl)
3 EL gehackter Estragon
8 Eier
450 g Pasta (Tagliatelle, Paglia e fieno oder Spiralnudeln)
frisch gemahlener schwarzer Pfeffer
frisch geriebener Parmesankäse (zum Servieren)

Vier Teller oder Schüsseln vorwärmen. Butter (oder Öl mit Butter) erhitzen. Den Estragon hinzufügen und bei sehr niedriger Temperatur stehenlassen. Kurz bevor die Nudeln abgegossen werden, die Eier pochieren. Nudeln auf Teller oder Schüsseln verteilen. Auf jede Portion zwei pochierte Eier geben und mit einem Löffel die Butter mit dem Estragon darübergießen. Mit Pfeffer würzen und sofort servieren. Reichen Sie geriebenen Parmesan dazu.

Pasta mit Mischpilzen

FÜR 4 PERSONEN

25 g getrocknete Champignons

300 ml trockener Weißwein

50 g Butter

225 g Maronenpilze, in Scheiben

225 g Austernpilze, in Scheiben

300 ml Sahne

Salz und frisch gemahlener schwarzer Pfeffer

3 EL gehackte Petersilie

450 g Pasta

frisch geriebener Parmesankäse (zum Servieren)

Getrocknete Champignons in einer Schüssel mit Wein übergießen. Mit einer Untertasse beschweren, damit die Pilze in die Flüssigkeit gedrückt werden. 30 Min. stehenlassen. Harte Stiele wegwerfen, und die Pilze evtl. in Scheiben schneiden.

In einem großen Topf Butter zerlassen. Maronenpilze dazugeben und 5 Min. unter Rühren garen. Dann die Champignons mit dem Wein hinzufügen. Zum Kochen bringen, Hitze reduzieren und alles 15 Min. köcheln lassen. Die Austernpilze unterrühren, 2–3 Min. mitgaren, dann Sahne, Salz, Pfeffer und Petersilie dazugeben. Die Pilzsauce unter Rühren erhitzen, aber nicht zum Kochen kommen lassen, da sie sonst gerinnt.

Die abgetropften Nudeln zur Sauce geben. Topf vom Herd nehmen und alles gut durchheben. Die Nudeln abgedeckt 2–3 Min. stehenlassen, nochmals durchheben. Mit geriebenem Parmesan servieren.

Pasta Carbonara

FÜR 4 PERSONEN

50 g Butter

350 g Kochschinken, in Streifen geschnitten

8 Eier

Salz und frisch gemahlener schwarzer Pfeffer

150 ml Sahne

450 g Tagliatelle

reichlich gehackte Petersilie

frisch geriebener Parmesankäse (zum Servieren)

In einem großen, schweren Topf oder in einem beschichteten Topf die Butter zerlassen. Den Schinken hinzufügen und 2 Min. erhitzen. Die Eier mit Salz und Pfeffer würzen und mit der Sahne verschlagen. Temperatur herunterschalten, dann die verschlagenen Eier in den Topf gießen und unter Rühren garen, bis sie cremig sind. Die Eier keinesfalls zu Rührei stocken lassen und auch nicht die Temperatur erhöhen, um den Garprozeß zu beschleunigen, da die Carbonara sonst mißlingt.

Nudeln in kochendes Wasser geben, wenn die Eier in den Topf kommen; so sind sie zur richtigen Zeit fertig. Wenn die Eier halb fest sind, die abgetropften, heißen Nudeln dazugeben und alles gut vermischen, bis die Eier cremig sind. Mit Petersilie bestreuen; sofort servieren. Parmesan dazu reichen.

UNTEN
Blick von San Gimignano über die Hügellandschaft der Toskana.

KAPITEL 3

HEISSE UND KALTE SAUCEN

für frische Nudeln

Es ist recht schwierig, eine Auswahl an Saucen für ein so wichtiges Kapitel zusammenzustellen, denn die Möglichkeiten sind unbegrenzt. Ich habe daher solche Grundrezepte aufgeführt, die häufig für umfangreiche Pasta-Gerichte verwendet werden – ein Fleischragout, eine Tomatensauce und eine Reihe von Saucen, die mit Milch zubereitet werden; darüber hinaus findet man andere bekannte Saucenrezepte, die vielseitig einsetzbar sind. Zusätzlich gibt es aber auch eine bunte Palette an Saucen, die Ihrem Gaumen Überraschendes zu bieten haben. Da sich viele Saucen gut einfrieren lassen, lohnt es sich, sowohl frische Pasta wie auch die Saucen in größeren Mengen zuzubereiten. Besonders Tomatensauce sollte man auf Vorrat kochen, wenn Tomaten preiswert oder sehr aromatisch sind. Halten Sie nach Flaschentomaten Ausschau, denn sie ergeben ausgezeichnete Saucen. Zu einigen Saucen werden in den Rezepten spezielle Pasta-Sorten empfohlen; neben praktischen Gesichtspunkten zur Herstellung bestimmter Nudeln oder dem Angebot an frischer Pasta im örtlichen Supermarkt gilt es bei der Auswahl der Nudelform die Beschaffenheit der Sauce zu berücksichtigen. So lassen sich stückige Saucen oftmals schlecht mit langen, dünnen Nudeln wie Spaghetti essen, und sehr kleine Nudeln können sich sowohl in einer dünnen wie auch in einer stückigen Sauce verlieren. Dies mag unwesentlich erscheinen, doch es ist erstaunlich, wie Form und Größe der Pasta den Charakter eines Gerichts verändern und beeinträchtigen können. Mangelt es an Auswahl, schmecken altbewährte Bandnudeln – Tagliatelle oder Fettucine, wie die Italiener sie nennen – zu den meisten Saucen sehr gut!

Kardamom-Fischsauce

Bei dieser Sauce bekommt der Fisch durch Zitrone und Koriander eine interessante Note. Pasta mit Safran oder Kurkuma ist ideal, wenn man die Nudeln selbst herstellt. Als Vorspeise serviert man die halbe Saucenmenge auf ringförmig angerichteten Safran- oder Kurkuma-Nudeln.

FÜR 4 PERSONEN

25 g Butter

1 kleine Zwiebel, feingehackt

1 rote Paprikaschote, Samen entfernt, gewürfelt

6 grüne Kardamomkapseln

1 Lorbeerblatt

abgeriebene Schale von 1 unbehandelte Zitrone

25 g Mehl

300 ml Fischfond

Salz und frisch gemahlener schwarzer Pfeffer

ca. 700 g weißes Fischfilet, ohne Haut, in Stücken

300 ml Sahne

2 EL gehackte Korianderblätter

Im Topf die Butter zerlassen. Zwiebel, Paprika, Kardamom, Lorbeerblatt und Zitronenschale dazugeben. Auf die Kardamomkapseln drücken, damit sie aufplatzen. Die Zutaten 20 Min. bei schwacher Hitze garen, bis Zwiebel und Paprikastücke weich sind. Dabei häufig umrühren, damit das Aroma des Lorbeerblatts und der Gewürze frei wird und die Zwiebel nicht bräunt.

Mehl darüberstäuben und unter Rühren die Brühe dazugießen. Die Sauce zum Kochen bringen. Temperatur so weit herunterschalten, daß die Sauce schwach köchelt – sie ist jetzt noch zu dickflüssig. Salzen und pfeffern und den Fisch dazugeben. Vorsichtig durchrühren, den Deckel auflegen und alles ca. 20 Min. behutsam garen, bis der Fisch durch ist. Sahne unterziehen und die Sauce erhitzen, aber ohne sie zu kochen. Vor dem Servieren abschmecken und mit Koriander bestreuen.

Lachs in Dill-Senf-Sauce

Das feine, aber volle Aroma vom Lachs wird durch den pikanten Geschmack dieser Senfsauce perfekt ergänzt. Am einfachsten ist es, den Fisch und die Sauce auf selbstgemachten Eierbandnudeln anzurichten. Eine säuerliche Note bekommen die Nudeln, wenn man beim Herstellen des Teigs die abgeriebene Schale einer unbehandelten Zitrone unter das Mehl mischt. Der Dill muß unbedingt frisch sein! Vergessen Sie das Rezept, wenn Sie nur getrockneten Dill haben – die Sauce schmeckt sonst, als hätten Sie Gras genommen.

FÜR 4 PERSONEN

700–900 g Lachsfilet, ohne Haut
Salz und frisch gemahlener schwarzer Pfeffer
4 EL Olivenöl
1 EL Zitronensaft
1/2 Zwiebel, feingehackt
2 EL Mehl
150 ml Milch
4 EL Dijon-Senf, oder anderer milder Senf
300 ml saure Sahne
3 EL gehackter Dill
1/4 Salatgurke, geschält, feingewürfelt
1 Stange Bleichsellerie, feingewürfelt

Den Lachs auf ein großes Stück extra-starke Alufolie legen. Kräftig würzen, dann mit 1 EL Öl und dem Zitronensaft beträufeln. Den Fisch ca. 15 Min. grillen, bis er gar ist. In der Zwischenzeit in einem Topf das restliche Öl erhitzen und die Zwiebel dazugeben. Unter Rühren 10 Min. garen. Mehl einrühren und 3 Min. rösten, dann die Milch unterrühren und zum Kochen bringen. Den Senf unter die dickflüssige Sauce schlagen, dann die Sahne einrühren. Sauce erhitzen, aber nicht zum Kochen kommen lassen. Zum Schluß den Dill unterrühren und den Topf von der Kochstelle nehmen. Abschmecken.

Die Gurkenstücke mit dem Bleichsellerie vermischen. Die Flüssigkeit vom Lachs zur Sauce geben. Den Lachs mit zwei Gabeln in große Stücke zerpflücken. Die Senf-Dill-Sauce unter die Pasta mischen, dann den Fisch unterheben. Auf Portionstellern anrichten und jeweils etwas Gurke und Bleichsellerie darüberstreuen.

Tips & Tricks

Frischer Dill läßt sich für Saucen gut einfrieren – dann aber nicht mehr zum Garnieren verwenden. Er taut rasch auf und wird dabei schlaff; im gefrorenen Zustand läßt er sich jedoch gut zerdrücken, und man kann die Stengel mühelos von den feinen Blättchen trennen. Wird der Dill für das Rezept tiefgefroren zerkleinert und abgemessen, braucht er nicht gehackt zu werden.

Sahnesauce mit Sardellenfilets und Ei

Wenn man Sahne hat, läßt sich diese Sauce schnell für unverhofften Besuch zubereiten. Sie paßt gut zu Spaghetti, Bandnudeln oder kurzen Nudeln und eignet sich in kleinen Portionen ideal als Vorspeise.

FÜR 4 PERSONEN

- *8 Eier*
- *1 Dose (50 g) Sardellenfilets*
- *4 Frühlingszwiebeln, gehackt*
- *300 ml Sahne*
- *frisch gemahlener schwarzer Pfeffer*
- *viel kleingeschnittenes Basilikum oder gehackte Petersilie*

Die Eier in einem Topf mit kaltem Wasser bedekken. Zum Kochen bringen und 8 Min. kochen lassen. In der Zwischenzeit das Öl von den Sardellen in einen kleinen Topf laufen lassen. Die Frühlingszwiebeln hinzufügen und 2 Min. garen. Die Sardellenfilets hacken und zu den Zwiebeln geben. Dann die Sahne unterrühren und nach Geschmack mit Pfeffer würzen. Die Sauce behutsam erhitzen, aber nicht zum Kochen kommen lassen, damit die Sahne nicht gerinnt.

Die Eier schälen, grob in Stücke schneiden und in die Sauce geben. Basilikum oder Petersilie unterrühren. Die Sauce unter die heiße Pasta heben und sofort servieren.

Tonnato-Sauce

Tonnato ist eine kalte Sauce, die traditionell zu kaltem Kalbfleisch serviert wird; diese vielseitig verwendbare Thunfisch-Mayonnaise paßt hingegen ausgezeichnet zu jeder frisch gekochten Pasta. Bereiten Sie als Vorspeise einmal selbstgemachte Nudeln, die mit Oliven aromatisiert sind, mit dieser Sauce zu. Gut schmeckt sie auch, wenn man sie unter kalte gekochte Nudeln mischt und auf grünem Salat als verlockenden Cocktail reicht.

FÜR 4 PERSONEN

- *2 Eigelb*
- *Saft von 1 Zitrone*
- *Salz und frisch gemahlener schwarzer Pfeffer*
- *1 Dose (200 g) Thunfisch in Öl*
- *200 ml Olivenöl*
- *150 ml saure Sahne, Fromage frais oder Sahnejoghurt (nach Belieben)*
- *2 EL Kapern, gehackt*
- *gehackte Petersilie (zum Servieren)*

Die Eigelb in eine Schüssel geben. Mit elektrischem Handmixer Zitronensaft und etwas Salz und Pfeffer unterschlagen. Öl aus der Thunfischdose einrühren. Das Gerät auf höchster Stufe laufen lassen und langsam das Olivenöl dazugießen. Sobald eine dicke Mayonnaise entstanden ist, kann das Öl rascher dazugegossen werden.

Den Thunfisch zu einer Paste zerdrücken und unter die Mayonnaise mischen. Falls verwendet, Sahne, Fromage frais oder Sahnejoghurt und die Kapern unterrühren. (Durch Sahne, Fromage frais oder Joghurt wird das Dressing etwas lockerer.) Vor dem Servieren abschmecken und Pasta und Sauce mit gehackter Petersilie bestreuen.

Tips & Tricks

Für dieses Rezept kann man auch 300 ml gekaufte Mayonnaise guter Qualität verwenden (keine billige mit säuerlichem Geschmack!). Für eine fettarme Version zerdrückt man den Thunfisch und verrührt ihn mit einer Mischung aus fettarmem Frischkäse und Fromage frais.

Pikante Garnelen-Tomaten-Sauce

Diese Sauce paßt sehr gut zu Spaghetti oder Bandnudeln, läßt sich aber auch mit Lasagne-Blättern in eine Form schichten.

FÜR 4 PERSONEN

2 EL Öl

2 Knoblauchzehen, zerdrückt

2 grüne Chilischoten, Samen entfernt, gehackt

1 große Zwiebel, gehackt

1 grüne Paprikaschote, Samen entfernt, gewürfelt

1 Möhre, gewürfelt

2 Stangen Bleichsellerie, gewürfelt

1 Lorbeerblatt

2 Dosen (je 400 g) gehackte Tomaten

1 EL Tomatenmark

1 TL Zucker

Salz und frisch gemahlener schwarzer Pfeffer

450 g tiefgefrorene geschälte gegarte Garnelen

2 EL gehackte Korianderblätter

In einem großen Topf das Öl erhitzen. Knoblauch, Chilies, Zwiebel, grüne Paprika, Möhre, Bleichsellerie, Lorbeerblatt dazugeben. Unter Rühren 20 Min. garen. Tomaten, Tomatenmark, Zucker und viel Salz und Pfeffer hinzufügen. Zum Kochen bringen, Hitze reduzieren, Deckel auflegen und 30 Min. köcheln. Garnelen dazugeben, durchrühren und die Sauce noch ca. 15 Min. köcheln, bis die Garnelen heiß sind. Sauce abschmecken, über die Pasta geben und mit Koriandergrün bestreuen.

Meeresfrüchte-Medley

Die Meeresfrüchte lassen sich je nach Marktangebot, Geldbeutel und persönlichen Vorlieben variieren. Empfindliche Zutaten stets am Ende zugeben, damit sie nur kurz erhitzt werden. Einfache Nudeln oder eine bunte Mischung aus einfacher Pasta, Tomaten- und Spinatnudeln dazureichen.

FÜR 4 PERSONEN

900 g Miesmuscheln

1 Lorbeerblatt

300 ml trockener Weißwein

6 EL Olivenöl

1 Zwiebel, halbiert und in feine Streifen geschnitten

1 Stange Bleichsellerie, feingewürfelt

1 grüne Paprikaschote, Samen entfernt, feingewürfelt

3 Knoblauchzehen, zerdrückt

abgeriebene Schale von 1 unbehandelten Zitrone

Salz und frisch gemahlener schwarzer Pfeffer

4 kleine Kalmare, gesäubert und in Ringe geschnitten

350 g Seeteufelfilet, in kleine Stücke geschnitten

6–8 Jakobsmuscheln, aus der Schale gelöst, kleingeschnitten

350 g geschälte gegarte Garnelen, tiefgefrorene aufgetaut

8 schwarze Oliven, entsteint und gehackt

reichlich gehackte Petersilie

frisch geriebener Parmesankäse (zum Servieren)

Muscheln säubern und Seepocken an den Schalen sowie die schwarzen Byssusfäden (Bärte) entfernen. Alle Muscheln, die sich beim Daraufklopfen nicht schließen, wegwerfen! Muscheln mit Lorbeerblatt und Wein in einen großen Topf geben. Wein zum Kochen bringen, Deckel fest auflegen und Temperatur so weit herunterschalten, daß der Wein nicht zu heftig kocht. Muscheln ca. 10 Min. garen, bis sie sich geöffnet haben; den Topf zwi-

Meeresfrüchte-Medley.

schendurch gut schütteln. Muscheln abgießen, Garflüssigkeit und Lorbeerblatt auffangen. Evtl. einige Muscheln in ihren Schalen zum Garnieren beiseite legen. Restliche Muscheln mit einer Gabel aus den Schalen lösen. In einem großen Topf Öl erhitzen. Lorbeerblatt aus der Garflüssigkeit der Muscheln sowie Zwiebel, Bleichsellerie, Paprikaschote, Knoblauch, Zitronenschale und viel Salz und Pfeffer dazugeben. Deckel auflegen und alles unter Rühren etwa 20 Min. garen, bis die Zwiebel weich ist. Die Garflüssigkeit der Muscheln hinzufügen, zum Kochen bringen und etwa 3 Min. kräftig kochen lassen, bis die Flüssigkeit um die Hälfte reduziert ist. Temperatur herunterschalten und den Kalmar dazugeben. Bei aufgelegtem Deckel 5 Min. köcheln. Seeteufel hinzufügen, Deckel auflegen und alles 5 Min. köcheln. Die Jakobsmuscheln dazugeben und 3 Min. erhitzen, bis die Meeresfrüchte gerade gar sind. Garnelen, Miesmuscheln und Oliven zugeben. Erhitzen und abschmecken. Petersilie unterrühren und sofort servieren. Parmesankäse zu den Meeresfrüchten und der Pasta reichen.

Tips & Tricks

Kalmare zum Säubern zunächst abwaschen. Den Kopf mit den Fangarmen aus dem Körpermantel herausziehen. Die Tentakel unmittelbar am Kopf abtrennen und in Stücke schneiden, wenn sie mit verwendet werden sollen. Die übrigen Teile des Kopfes und die Eingeweide wegwerfen. Den durchsichtigen Schulp aus dem Körpermantel herausziehen und den Körper gründlich abspülen. Die gefleckte Haut abreiben. Die Flossen können ebenfalls gesäubert und in Streifen geschnitten werden. Den Körpermantel in Ringe schneiden.

Hühnerfleisch-Estragon-Sauce

Diese einfache Sauce paßt zu jeder Pasta. Man kann sie auch schichtweise mit Lasagne-Blättern oder anderen Nudeln in eine Auflaufform füllen. Statt Hühnerfleisch kann man auch Pute nehmen.

FÜR 4 PERSONEN

25–50 g Butter

1 kleine Zwiebel, feingehackt

1 Lorbeerblatt

100 g kleine Champignons, in Scheiben

40 g Mehl

300 ml Hühnerbrühe

150 ml Milch

225–350 g gegartes Hühnerfleisch ohne Haut und Knochen, gewürfelt

2 EL gehackter Estragon

Salz und frisch gemahlener schwarzer Pfeffer

150 ml Sahne

In einem Topf 25 g Butter zerlassen. Zwiebel und Lorbeerblatt dazugeben und unter gelegentlichem Rühren etwa 15 Min. garen, bis die Zwiebel weich, aber nicht gebräunt ist. Champignons hinzufügen und 10–15 Min. garen, bis die Flüssigkeit, die die Pilze abgeben, vollständig verkocht ist.

Mehl einrühren, dann nach und nach die Brühe angießen und unter ständigem Rühren zum Kochen bringen. Milch hinzufügen und alles wieder zum Kochen bringen. Dann Hühnerfleisch und Estragon dazugeben und salzen und pfeffern. Temperatur herunterschalten, Deckel auflegen und die Zutaten 10 Min. köcheln. Sahne unterrühren und die Sauce erhitzen, ohne sie zu kochen. Zum Verfeinern der Sauce nach Belieben 25 g Butter unterziehen. Abschmecken und servieren.

Entenfleisch-Orangen-Sauce

Ein kräftiges Dressing für schmale Bandnudeln oder Spaghetti und eine gute Möglichkeit, aus zwei Entenbrustfilets ein Gericht für vier Personen zu bereiten. Als Beilage einen Salat aus geraspelten Zucchini und Möhren reichen (siehe Tip).

FÜR 4 PERSONEN

- *2 große Entenbrustfilets ohne Haut und Knochen, in feine Streifen geschnitten*
- *1 EL Mehl*
- *Salz und frisch gemahlener schwarzer Pfeffer*
- *1/2 TL gemahlene Muskatblüte*
- *abgeriebene Schale und Saft von 1 unbehandelten Orange*
- *1 EL Öl*
- *1 Zwiebel, halbiert, in feine Streifen geschnitten*
- *350 g Champignons, in Scheiben geschnitten*
- *300 ml trockener Rotwein*
- *4 EL rotes Johannisbeergelee*

Entenfleisch in eine Schüssel oder einen Gefrierbeutel geben. Mehl, reichlich Salz und Pfeffer, Muskatblüte und Orangenschale hinzufügen. Alles gut vermischen oder den Beutel schütteln. In einer großen Pfanne Öl erhitzen. Das gewürzte Entenfleisch dazugeben; rundum bräunen. Zwiebel hinzufügen und unter Rühren ca. 15 Min. garen, bis die Zwiebel weich, aber nicht gebräunt ist. Champignons dazugeben und ca. 10 Min. garen, bis sie zusammengefallen sind. Orangensaft und Wein dazugießen und zum Kochen bringen. Johannisbeergelee hinzufügen und unter Rühren ca. 1 Min. erhitzen. Sauce abschmecken, über die Pasta schöpfen.

Tips & Tricks

Möhren-Zucchini-Salat: 3 Möhren und 3 Zucchini raspeln. Mit einer feingehackten Frühlingszwiebel und 4 in feine Streifen geschnittenen Stengeln Basilikum vermischen. 2 EL Olivenöl, einen Spritzer Orangensaft, Salz und Pfeffer dazugeben. Auf einem Bett aus Eisbergsalat anrichten.

Sauce mit Putenbrust und Porree

Putenbrustfilets sind vielseitig verwendbar und preiswert, wenn man sie mit Gemüse und Pasta kombiniert. Auch diese Sauce paßt zu jeder Art von Nudeln und zu Aufläufen.

FÜR 4 PERSONEN

350 g Putenbrustfilet, ohne Haut u. Knochen, gewürfelt

4 EL Mehl

Salz und frisch gemahlener schwarzer Pfeffer

2 EL Öl

450 g Porree, in Streifen geschnitten

2 EL gehackter Salbei

300 ml trockener Cidre

300 ml Puten- oder Hühnerbrühe

2 EL frisch geriebener Parmesankäse

50 g Mozzarella-Käse, in Stücke geschnitten

150 ml Sahnejoghurt

etwas gemahlener Paprika

Das Putenfleisch im Mehl wenden und kräftig salzen und pfeffern. In einem großen Topf das Öl erhitzen. Das Putenfleisch dazugeben und unter häufigem Rühren anbraten, bis es leicht gebräunt ist. Porree und Salbei hinzufügen. Gut durchrühren und Deckel auflegen. Alles etwa 15 Min. garen, bis der Porree stark zusammengefallen ist; zwischendurch ein- oder zweimal durchrühren.

Den Cidre und die Brühe dazugießen und unter Rühren zum Kochen bringen. Dann die Temperatur herunterschalten, Deckel auflegen und alles etwa 15 Min. köcheln lassen, bis der Porree gar ist. Parmesan und Mozzarella unterrühren und abschmecken. Wenn beide Käse geschmolzen sind, Joghurt einrühren und den Topf von der Kochstelle nehmen. Sauce auf die Nudeln schöpfen oder unterheben, etwas Paprika darüberstäuben und sofort servieren.

UNTEN
Leuchtend bunte Zimmerpflanzen im Fenster eines Hauses in Siena, Italien.

Hühnerfleisch mit Blauschimmelkäse

Mit Blauschimmelkäse entsteht eine gehaltvolle, Sauce für Geflügel. Man serviert dazu am besten frische Bandnudeln in großen Portionen. Ich nehme Danablu, doch eignet sich auch jeder andere Blauschimmelkäse, Dolcelatte etwa, oder auch Gorgonzola für ein besonders intensives Aroma.

FÜR 4 PERSONEN

2 EL Olivenöl

1 Knoblauchzehe, zerdrückt

1 rote Paprikaschote, Samen entfernt, gewürfelt

450 g Hühnerfleisch ohne Haut und Knochen, gewürfelt

Salz und frisch gemahlener schwarzer Pfeffer

225 g kleine Champignons

4 EL trockener Weißwein

150 ml Sahne

225 g Danablu-Käse, in kleine Stücke geschnitten

2 Frühlingszwiebeln, feingehackt

2 EL gehackte Petersilie

In einer großen Pfanne das Öl erhitzen. Knoblauch, rote Paprika, Hühnerfleisch und etwas Salz und Pfeffer dazugeben; das Fleisch nur leicht salzen, da die Sauce später durch den Blauschimmelkäse recht salzig wird. Zutaten unter häufigem Rühren etwa 20 Min. garen, bis das Hühnerfleisch leicht gebräunt und gar ist.

Champignons hinzufügen und 2 Min. garen. Dann den Wein dazugießen und aufkochen. Temperatur auf niedrigste Stufe herunterschalten. Wenn die Sauce nicht mehr kocht, Sahne dazugießen und Käse unterrühren. Bei schwacher Hitze rühren, bis der Käse geschmolzen ist. Die Sauce nicht zum Kochen kommen lassen, da sie sonst gerinnt.

Sauce abschmecken, auf die Pasta schöpfen und mit Frühlingszwiebeln und Petersilie bestreuen.

Steak-Sauce mit zusätzlicher Salsa

Eine einfache Sauce mit Rindfleisch, Zwiebeln und Champignons. Ein besonderer Gaumenreiz ist die zusätzliche Salsa – eine kalte Sauce nach mexikanischer Art, die man aus Tomaten, Zwiebeln und Chillies zubereitet. Sie wird separat gereicht und nach Geschmack auf das Rindfleisch und die Pasta gegeben. Spaghetti oder schmale Bandnudeln passen zu diesem Rezept am besten.

FÜR 4 PERSONEN

225 reife Tomaten, abgezogen (siehe Tip, Seite 26)

1 rote Zwiebel, feingehackt

2 frische grüne Chilischoten, Samen entfernt, gehackt

1 Knoblauchzehe, zerdrückt

Salz und frisch gemahlener schwarzer Pfeffer

1 TL Zucker

abgeriebene Schale u. Saft von 1/2 unbehandelten Limette

3 EL gehackte Korianderblätter

700 g mageres Hüftsteak, quer zur Faser in Scheiben, dann in Streifen geschnitten (siehe Tip)

3 EL Mehl

etwas Rindernierenfett oder 2 El Öl

1 große Zwiebel, halbiert, in feine Streifen geschnitten

1 Lorbeerblatt

2 Stengel Petersilie

2 Zweige Thymian

350 g Champignons, in Scheiben geschnitten

450 ml gute Rinderbrühe

ein Spritzer Worcestershire-Sauce

Die Salsa zuerst zubereiten, aber nicht allzu lange vor dem Servieren. Tomaten halbieren, Stielansatz entfernen. Tomaten hacken und mit Zwiebeln, Chillies und Knoblauch vermischen. Reichlich Salz und Pfeffer, den Zucker, die abgeriebene Schale und den Saft der halben Limette und den gehackten Koriander dazugeben. Alles gründlich mischen. Salsa abschmecken und beiseite stellen. Fleisch im Mehl wenden, kräftig salzen und pfeffern. In einer großen Pfanne Rindernierenfett oder Öl erhitzen. Fleisch zugeben und unter Rühren braten, bis die Streifen braun sind. Zwiebeln und Kräuter dazugeben, Hitze reduzieren und alles etwa 15 Min. garen, bis die Zwiebeln weich sind. Champignons unterrühren und alles weitere 15 Min. garen. Die Brühe dazugießen und Worcestershire-Sauce nach Geschmack hinzufügen. Zum Kochen bringen, Temperatur herunterschalten und die Sauce 5 Min. köcheln lassen. Vor dem Servieren die Kräuterstengel herausnehmen und abschmecken.

Tips & Tricks

Wenn Steakfleisch, wie oben, zum Braten kleingeschnitten werden soll, das Fleisch quer zur Faser in Scheiben und dann in Streifen schneiden. Schneidet man das Fleisch parallel zum Faserverlauf, wird es weniger zart.

Kräftiges Fleischragout

Hier eine schmackhafte Sauce nach Art einer Bolognese, für Pasta oder für Aufläufe.

FÜR 4 PERSONEN

3 EL Olivenöl

1 große Zwiebel, gehackt

2 Stangen Bleichsellerie, feingewürfelt

2 Möhren, feingewürfelt

1 grüne Paprikaschote, Samen entfernt, gewürfelt

2 Knoblauchzehen, zerdrückt

100 g geräucherter Frühstücksspeck ohne Schwarte, in Würfel geschnitten

2 TL getrockneter Majoran

1 Zweig Thymian

1 Lorbeerblatt

225 g mageres gehacktes Schweinefleisch

225 g mageres gehacktes Rindfleisch

Salz und frisch gemahlener schwarzer Pfeffer

1 EL Mehl

1 EL Tomatenmark

2 Dosen (je 400 g) gehackte Tomaten

300 ml trockener Rotwein

4 EL gehackte Petersilie

frisch geriebener Parmesankäse (zum Servieren)

In einer großen, schweren Pfanne Öl erhitzen. Zwiebel, Bleichsellerie, Möhren, Paprikaschote, Knoblauch, Speck, Majoran, Thymian und Lorbeerblatt dazugeben. Die Zutaten etwa 15 Min. unter Rühren garen, bis die Zwiebel weich und der Speck gar ist. Gehacktes Schweine- und Rindfleisch hinzufügen und unter Rühren 10 Min. anbraten. Reichlich Salz und Pfeffer, das Mehl und das Tomatenmark unterrühren. Tomaten und Wein hinzufügen und alles zum Kochen bringen. Temperatur senken, Deckel auflegen und die Sauce 90 Min. köcheln; zwischendurch umrühren. Die Sauce vor dem Servieren abschmecken und die Petersilie unterrühren. Parmesankäse dazu reichen.

Schweinefleisch mit Datteln und Ingwer

Zu dieser Fleischsauce passen sehr gut schmale Bandnudeln oder Tagliatelle und ein Salat aus rohen Zwiebeln (siehe Tip).

FÜR 4 PERSONEN

2 EL Öl

50 g frische Ingwerwurzel, geschält und gehackt

1 Stange Zimt

700 g mageres Schweinefleisch ohne Knochen, gewürfelt

Salz und frisch gemahlener schwarzer Pfeffer

100 g frische Datteln

150 ml frisch gepreßter Orangensaft

150 ml Wasser

150 ml saure Sahne

In einer Pfanne das Öl erhitzen. Ingwer, Zimt und Schweinefleisch dazugeben. Kräftig salzen und pfeffern und das Fleisch unter gelegentlichem Rühren braten, bis es leicht gebräunt und gar ist.

In der Zwischenzeit die Datteln entkernen, ihre Haut abreiben und die Früchte in Scheiben schneiden. Orangensaft und Wasser zum Fleisch in die Pfanne gießen. Aufkochen, Hitze reduzieren und alles 10 Min. kräftig köcheln lassen. Datteln unterrühren, 5 Min. köcheln lassen; abschmecken. Pfanne vom Herd nehmen und die saure Sahne unter die Fleischsauce ziehen. Pasta auf Portionstellern anrichten, Sauce darübergeben und servieren.

Tips & Tricks

Roher Zwiebelsalat: 2 rote oder weiße Zwiebeln in dünne Scheiben schneiden und zu Ringen auseinanderdrücken. Die Zwiebelringe in eine Schüssel mit Eiswasser legen und 30–60 Min. stehenlassen. Dann abgießen und mit Küchenkrepp trockentupfen. Einen Bund Brunnenkresse putzen und grob hacken. Die Brunnenkresse sowie die Blättchen von einer Schachtel Kresse unter die Zwiebelringe mischen. Mit Salz würzen und etwas Zitronensaft und Olivenöl darüberträufeln. Den Salat mit Paprika bestäuben und servieren.

Rindfleisch mit Chillies und Yamswurzel

Hier mal etwas Multikulturelles! Für dieses Rinderragout braucht man wegen der Kombination von Yamswurzeln mit Paprikaschoten nur recht wenig Fleisch.

FÜR 4 PERSONEN

450 g mageres Rindfleisch zum Schmoren, kleingewürfelt

2 EL Mehl

Salz und frisch gemahlener schwarzer Pfeffer

2 EL Öl oder etwas Rindernierenfett

2 Zwiebeln, gehackt

600 ml Wasser

700 g Yamswurzeln, geschält, in 2,5 cm großen Würfeln

2 Knoblauchzehen, zerdrückt

1 rote Paprikaschote, Samen entfernt, gewürfelt

1 grüne Paprikaschote, Samen entfernt, gewürfelt

1 Dose (100 g) Jalapeño-Chillies, abgetropft und gehackt

25 g Korinthen

abgeriebene Schale und Saft von 1 unbehandelten Limette

2 EL gehackte Korianderblätter

2 TL Thymianblättchen

Backofen auf 180 °C (Gasherd Stufe 2–3) vorheizen. Fleischwürfel in Mehl wenden, kräftig salzen und leicht pfeffern. Die Hälfte des Öls oder Rindernierenfetts im Schmortopf erhitzen. Fleisch dazugeben und rundum bräunen. Die Hälfte der gehackten Zwiebeln zugeben und einige Minuten garen. Wasser dazugießen und zum Kochen bringen. Deckel fest auflegen und den Schmortopf in den Backofen stellen. Das Fleisch 1 Stunde garen, dann die Temperatur auf 160 °C (Gasherd 1–2) herunterschalten und das Rindfleisch noch ca. 2 Stunden weichschmoren. Das Ragout gelegentlich durchrühren, Rückstände an den Topfseiten abschaben.

In der Zwischenzeit die Yamswurzeln etwa 10 Min. im Wasser weichkochen. Abgießen. Restliches Öl oder Rindernierenfett erhitzen und die verbliebenen Zwiebeln mit Knoblauch, roter und grüner Paprika, den Chilies und Korinthen dazugeben. Das Ganze bei mittlerer Hitze etwa 20 Min. garen, bis Zwiebeln und Paprikastücke weich sind. Abgeriebene Schale und Saft der Limette sowie Kräuter unterrühren. Yamswurzeln zugeben; alles gut mischen. Vom Herd nehmen und bei aufgelegtem Deckel beiseite stellen, bis das Rindfleisch fertig ist.

Gemüsemischung in das Ragout rühren und vor dem Servieren gut erhitzen. Tagliatelle oder andere Nudeln in Portionsschalen füllen und die Fleischsauce darüberschöpfen.

Sauce mit Fleischklößchen

FÜR 4 PERSONEN

450 g Schweinemett

1 Zwiebel, feingehackt

1 Knoblauchzehe, zerdrückt

1/4 TL Chilipulver

1 TL gemahlener Koriander

Salz und frisch gemahlener schwarzer Pfeffer

1 TL getrockneter Oregano

1 TL gehackter Thymian

1 EL gehackter Salbei

75 g frische Weißbrotkrumen

1 Ei

1 EL Öl

1 grüne Paprikaschote, Samen entfernt, gewürfelt

225 g kleine Champignons

1/2 Rezept Gute Tomatensauce (s. Seite 56)

Das Schweinemett in eine Schüssel geben. Zwiebel, Knoblauch, Chilipulver, Koriander, Salz, Pfeffer, Oregano, Thymian, Salbei und Brotkrumen dazugeben. Das Fleisch mit einem Löffel auseinanderbrechen und einen Teil der anderen Zutaten untermischen. Dann das Ei hinzufügen und alles gründlich mit den Händen vermengen.

Hände mit kaltem Wasser abspülen und zum Formen der Klößchen immer wieder anfeuchten, damit die Fleischmasse nicht an den Händen kleben bleibt. Kleine, walnußgroße Bällchen formen.

In einer großen Bratpfanne das Öl erhitzen. Die Fleischklößchen dazugeben und rundum bräunen; zum Wenden einen Löffel und eine Gabel benutzen. Die Paprika und die Champignons hinzufügen und alles etwa 10 Min. garen, bis die Paprikastücke weich werden. Die Tomatensauce dazugießen und zum Kochen bringen. Das Ganze 20 Min. köcheln lassen; die Fleischklößchen zwischendurch in der Sauce wenden. Kochend heiß servieren.

Auberginen-Porree-Sauce

FÜR 4 PERSONEN

2 große Auberginen, geputzt, gewürfelt

Salz und frisch gemahlener schwarzer Pfeffer

4 EL Olivenöl

2 Knoblauchzehen, zerdrückt

1/4 TL Chilipulver

450 g Porree, in Streifen geschnitten

2 EL Tahin

450 ml Gemüse- oder Hühnerbrühe

Auberginenstücke im Durchschlag mit Salz bestreuen und 20 Min. über einer Schüssel stehenlassen. Gemüse gründlich abspülen und abtropfen lassen.

In einem großen Topf die Hälfte des Olivenöls erhitzen. Einen Teil der Auberginenwürfel dazugeben und rundum bräunen. Mit einem Schaumlöffel herausnehmen und beiseite stellen. Nach Bedarf weiteres Öl in die Pfanne gießen und die restlichen Auberginenstücke anbraten. Beiseite stellen. Knoblauch, Chilipulver und Porree in den Topf geben und 10 Min. unter häufigem Rühren garen, bis der Porree zusammenfällt. Auberginen in den Topf geben und die Tahinpaste unterrühren. Brühe dazugießen und das Ganze zum Kochen bringen. Temperatur herunterschalten, Deckel auflegen und alles 15–20 Min. köcheln, bis die Auberginen und der Porree gar sind. Vor dem Servieren abschmecken.

Sauce mit Brokkoli und Maiskölbchen

FÜR 4 PERSONEN

450 g Brokkoli, in kleine Röschen zerteilt
225 g frische Zuckermaiskölbchen
25 g Butter oder 2 EL Öl
1 Zwiebel, gehackt
225 g Frühstücksspeck ohne Schwarte, gewürfelt
1 EL Mehl
Salz und frisch gemahlener schwarzer Pfeffer
6 EL trockener Sherry
150 ml Hühner- oder Gemüsebrühe
frisch geriebener Parmesankäse (zum Servieren)

Den Brokkoli in einen Dämpfeinsatz geben und 5 Min. über kochendem Wasser garen. Maiskölbchen hinzufügen; das Gemüse noch 5 Min. dämpfen. Das Gemüse kann auch für die gleiche Zeit in wenig Wasser gegart werden, doch schmeckt es gedämpft besser. In einem großen Topf Butter zerlassen oder Öl erhitzen. Zwiebel und Speck dazugeben und unter häufigem Rühren garen, bis die Zwiebel weich ist. Mehl unterrühren, etwas Salz und Pfeffer hinzufügen, dann den Sherry und die Brühe dazugießen. Brokkoli und Maiskölbchen unterrühren und alles zum Kochen bringen. Temperatur herunterschalten und Deckel auflegen. 5 Min. köcheln lassen; abschmecken. Zum Servieren das Gemüse mit der Sauce unter die Nudeln heben. Parmesankäse und die Pfeffermühle auf den Tisch stellen.

Kürbissauce

FÜR 4 PERSONEN

3 EL Olivenöl

2 große Zwiebeln, gehackt

1 Knoblauchzehe, zerdrückt

1 Lorbeerblatt

2 EL gehackter Salbei

1 TL getrockneter Majoran

900 g Gartenkürbis, ohne Samen, gewürfelt

Salz und frisch gemahlener schwarzer Pfeffer

100 g Champignons, in Scheiben geschnitten

2 Dosen (je 400 g) Tomaten, gehackt

2 EL gehackte Petersilie

frisch geriebener Parmesankäse (zum Servieren)

In einem großen Topf das Öl erhitzen. Zwiebeln, Knoblauch, Lorbeerblatt, Salbei und Majoran dazugeben. Unter Rühren 5 Min. garen, dann die Kürbisstücke hinzufügen und die Zutaten gründlich vermischen. Salzen und pfeffern und alles weitere 5 Min. unter häufigem Rühren garen. Die Champignons und die Tomaten dazugeben. Zum Kochen bringen, Deckel auflegen und alles 35–40 Min. köcheln, bis der Kürbis weich, aber nicht zerkocht ist. Zum Servieren Petersilie unterrühren. Sauce abschmecken und über Bandnudeln oder andere Pasta schöpfen. Parmesankäse dazu reichen.

Sauce mit Paprikaschoten und Speck

FÜR 4 BIS 6 PERSONEN

4 EL Olivenöl

2 Knoblauchzehen, feingehackt

225 g Frühstücksspeck ohne Schwarte, in Würfel geschnitten

1 Zwiebel, halbiert, in feine Streifen geschnitten

2 rote Paprikaschoten, Samen entfernt, längs in Viertel und dann in Streifen geschnitten

2 grüne Paprikaschoten, Samen entfernt, längs in Viertel, dann in Streifen geschnitten

50 g Pinienkerne

6 EL Rosinen

Salz und frisch gemahlener schwarzer Pfeffer

150 ml trockener Sherry

In einer großen Bratpfanne das Öl erhitzen. Knoblauch, Speck, Zwiebel, rote und grüne Paprika dazugeben. Unter häufigem Rühren 5 Min. garen. Pinienkerne und Rosinen unterrühren und kräftig mit Salz und Pfeffer würzen. Das Ganze weitere 15 Min. unter gelegentlichem Rühren garen.

Den Sherry dazugießen. Zum Kochen bringen und 3 Min. kochen lassen. Abschmecken und die Sauce über die Pasta gießen. Gründlich durchheben und sofort servieren.

Köstliche Pilzsauce

Getrocknete Champignons kauft man am besten in Feinkostläden, die italienische oder osteuropäische Spezialitäten führen. Diese Sauce wird mit getrockneten und frischen Pilzen zubereitet.

FÜR 4 PERSONEN

2 ganze getrocknete Champignons

150 ml kochendes Wasser

25 g Butter

1 EL Olivenöl

1/2 kleine Zwiebel, feingehackt

1 Lorbeerblatt

350 g kleine Champignons, in Scheiben

100 ml trockener Sherry

Salz und frisch gemahlener schwarzer Pfeffer

350 g Austernpilze

300 ml Sahne

3 EL gehackte Petersilie

1 EL Zitronensaft

Die getrockneten Champignons in einer kleinen Schüssel mit kochendem Wasser übergießen. Die Pilze mit einer Untertasse beschweren, damit sie ganz im Wasser liegen, und 15 Min. weichen lassen. Champignons mit der Weichflüssigkeit in einen kleinen Topf geben und 10 Min. köcheln; wenn nötig, etwas Wasser hinzufügen. Pilze abgießen und Garflüssigkeit auffangen. Champignons hakken. Garflüssigkeit durch ein mit Nessel ausgelegtes Küchensieb oder ein feinmaschiges Teesieb gießen, um Sand und Erde zu entfernen.

In einer Pfanne Butter und Öl erhitzen. Zwiebel und Lorbeerblatt dazugeben und unter Rühren 5 Min. garen. Die in Scheiben geschnittenen frischen Champignons hinzufügen und 15–20 Min. garen. Die getrockneten Champignons mit ihrer durchgesiebten Garflüssigkeit hinzufügen. Den Sherry unterrühren, mit Salz und Pfeffer würzen und alles 5 Min. köcheln lassen.

Die Austernpilze dazugeben und 3 Min. in der Sauce ziehen lassen, damit sie heiß werden und leicht gegart sind. Sahne, Petersilie und Zitronensaft unterrühren. Die Sauce erhitzen, ohne daß sie zum Kochen kommt. Abschmecken und mit frischen Bandnudeln servieren.

Gute Tomatensauce

Gute frische Pasta mit kräftiger Tomatensauce und frischem Parmesankäse ist eine köstliche Mahlzeit, vor allem wenn man einen frischen, knackigen grünen Salat dazu reicht. Diese Sauce wird auch für viele überbackene Gerichte verwendet und zu gefüllten Teigwaren gereicht.

ERGIBT ETWA 900 ML
FÜR 4 BIS 6 PERSONEN

2 EL Olivenöl

1 große Zwiebel, gehackt

1 Möhre, gehackt

1 Stange Bleichsellerie, gehackt

1 Knoblauchzehe, zerdrückt

1 Lorbeerblatt

2 Zweige Thymian

4 Stengel Petersilie

1 EL Mehl

2 EL Tomatenmark

900 g reife Tomaten, grobgehackt

1 EL Zucker

150 ml trockener Rotwein

Salz und frisch gemahlener schwarzer Pfeffer

frisch geriebener Parmesankäse (zum Servieren)

Öl in einem großen, schweren Topf erhitzen. Zwiebel, Möhre, Bleichsellerie, Knoblauch, Lorbeerblatt, Thymian und Petersilie dazugeben. Alles 10 Min. unter Rühren garen, bis die Zwiebel weich, aber nicht gebräunt ist. Mehl und Tomatenmark einrühren. Dann Tomaten, Zucker und Wein hinzufügen. Mit Salz und Pfeffer würzen, die Sauce zum Kochen bringen und gut durchrühren. Temperatur herunterschalten, Deckel auflegen und die Tomatensauce 1 Stunde köcheln lassen.

Lorbeerblatt und Kräuterstengel herausnehmen. Sauce im Mixer pürieren und durch ein Sieb streichen, um die Samen der Tomaten zu entfernen. Vor dem Servieren erhitzen. Über die Pasta geben, evtl. mit Parmesankäse bestreuen.

Pesto

Pesto ist eine herrlich aromatische Sauce mit viel Basilikum. Basilikum kann man in einem großen Blumentopf selbst heranziehen, oder man kauft einige Töpfchen mit dem wachsenden Küchenkraut. Obwohl die Zutaten für Pesto traditionell mit einem Stößel im Mörser zermahlen werden, empfiehlt es sich, aus Zeitgründen eine Küchenmaschine oder einen Mixer zu benutzen. Steht beides nicht zur Verfügung, sollte man kleinere Mengen als unten angegeben zubereiten.

ERGIBT ETWA 600 ML

175 g frischer Parmesankäse am Stück, Rinde entfernt

100 g Pinienkerne

4 Knoblauchzehen

50 g Basilikum (nur Blätter und weiche Stengel; harte Stengel vor dem Wiegen wegwerfen)

350–450 ml natives Olivenöl guter Qualität

Salz und frisch gemahlener schwarzer Pfeffer

Den Parmesankäse in kleine Stücke brechen und mit den Pinienkernen und dem Knoblauch in die Küchenmaschine geben. Das Gerät einschalten, bis der Parmesan fein zerkrümelt ist. Das Basilikum dazugeben und die Küchenmaschine laufen lassen, bis das Basilikum kleingehackt ist und die Zutaten zu einer groben, hellgrünen Paste zusammenhalten.

Etwas Olivenöl dazugießen und einarbeiten, dann nach und nach das restliche Olivenöl hinzufügen, bis eine dünne Paste entstanden ist. Nach Geschmack salzen und pfeffern. Bei Verwendung des Mixers die Zutaten portionsweise zerkleinern. Das Öl setzt sich nach längerem Stehen ab, und die Sauce muß wieder kräftig durchgerührt werden. Die einzelnen Portionen nach dem Zerkleinern miteinander vermischen, damit die Zutaten gleichmäßig verteilt sind.

Die Pesto-Sauce in ein sauberes Schraubdeckelglas füllen und im Kühlschrank aufbewahren. Der Pesto hält sich mehrere Monate, wenn er luftdicht verschlossen im Kühlschrank aufbewahrt wird. Die Sauce vor der Verwendung gut durchrühren.

Zum Servieren die Nudeln auf Portionstellern anrichten. Je einige Löffel Pesto dazugeben, alles gründlich durchheben und sofort verzehren.

Tips & Tricks

Bereitet man eine große Menge Pesto auf Vorrat zu, sollte man die Gläser und Deckel mit einem handelsüblichen Mittel sterilisieren (wie Baby-Flaschen), anschließend mit kochendem Wasser ausspülen und abtropfen lassen. Die Gläser bis zum Einfüllen des Pesto umgedreht stehenlassen.

LINKS
Tomaten und Weintrauben auf einem Gartentisch – wundervolle Zutaten für Rezepte mit frischer Pasta.

Béchamel-Sauce

Richtig gekochte gute Teigwaren sind köstlich und brauchen nur wenige Zutaten: In Italien sind es Olivenöl und Knoblauch oder Butter mit Parmesankäse. Andere Köche bevorzugen eine helle Sauce, z. B. Béchamel, mit Milch zubereitet und mit Lorbeerblatt und Muskatblüte aromatisiert. Man verwendet sie für einige Pasta-Gerichte, speziell für Lasagne.

ERGIBT ETWA 600 ML

1 dicke Scheibe Zwiebel
1 Lorbeerblatt
1 Streifen Muskatblüte
2 Stengel Petersilie
600 ml Milch
40 g Butter
40 g Mehl
Salz und frisch gemahlener weißer oder schwarzer Pfeffer

Zwiebel, Lorbeerblatt, Muskatblüte und Petersilie in einen Topf geben. Milch dazugießen und langsam zum Kochen bringen. Von der Kochstelle nehmen, Deckel auflegen und 45 Min. stehenlassen.

Die Milch durch ein Sieb in einen Krug oder eine Schüssel gießen. Den Topf ausspülen, dann die Butter darin zerlassen und das Mehl einrühren. Unter ständigem Rühren langsam die Milch dazugießen. Weiterrühren, bis die Sauce kocht, dann die Temperatur so weit herunterschalten, daß die Béchamel nur noch leise köchelt. Unter gelegentlichem Rühren 3 Min. köcheln lassen. Mit Salz und Pfeffer abschmecken. Wird die Sauce nicht unmittelbar verwendet, ein Stück angefeuchtetes Pergamentpapier auflegen, damit sich keine Haut bildet.

Abwandlungen

Jede der folgenden Saucen kann zu frisch gekochter Pasta serviert werden. Zum Überbacken bestreut man die mit der Sauce vermischten Nudeln mit 25 g frischen Weißbrotkrumen und 2 EL frisch geriebenem Parmesankäse und bräunt das Ganze unter dem Grill.

Käsesauce 100 g geriebenen alten Cheddar-Käse und 4 EL frisch geriebenen Parmesankäse in die fertige Béchamel-Sauce rühren.

Eiersauce 6 hartgekochte Eier grob in Stücke schneiden und in die fertige Sauce rühren. Nach Belieben 1 EL gehackten Estragon oder gehackte Petersilie oder 2 EL gehackten Dill dazugeben.

Champignonsauce 225 g in Scheiben geschnittene kleine Champignons zur Sauce geben, bevor man sie köcheln läßt.

Zwiebelsauce 2 große feingehackte Zwiebeln etwa 20 Min. unter häufigem Rühren in der Butter weichdünsten. Die Zwiebeln sollen nicht bräunen, müssen aber gar sein, damit die Sauce einen guten Geschmack bekommt. Das Mehl einrühren und wie oben beschrieben fortfahren.

Thunfischsauce Eine 200-g-Dose Thunfisch abtropfen lassen. Den Fisch zerpflücken und in die Sauce geben, bevor man sie köcheln läßt. 2 EL gehackte Petersilie und 1 EL Kapern, gehackt, hinzufügen.

Eine Champignonsauce läßt sich ebenfalls mit Thunfisch verfeinern, oder man bereitet eine Zwiebelsauce zu und fügt sowohl Champignons wie auch Thunfisch hinzu. Das Öl aus der Dose läßt sich anstelle der Butter verwenden; Lake kann man mit der Milch dazugeben.

Weißweinsauce

ERGIBT ETWA 600 ML

50 g Butter

1 kleine Zwiebel, feingehackt

1 Lorbeerblatt

2 lange Stengel Petersilie

50 g kleine Champignons, in dünnen Scheiben

40 g Mehl

300 ml trockener Weißwein

150 ml Brühe (je nach Gericht: Hühner-, Gemüse- oder Fischbrühe)

Salz und frisch gemahlener weißer oder schwarzer Pfeffer

300 ml Sahne

In einem Topf die Butter zerlassen. Zwiebel, Lorbeerblatt, Petersilie dazugeben und 15 Min. unter häufigem Rühren garen, bis die Zwiebel weich, aber nicht gebräunt ist. Die Champignons hinzufügen, dann das Mehl einrühren. Nach und nach den Weißwein und die Brühe unterrühren und die Sauce zum Kochen bringen. (Sie ist zu diesem Zeitpunkt noch zu dick.) Den Deckel fest auflegen und die Sauce 15 Min. leise köcheln lassen.

Mit Salz und Pfeffer würzen und die Sauce kräftig durchrühren. Lorbeerblatt und Petersilienstengel herausnehmen. Die Sahne einrühren und die Sauce erhitzen, ohne daß sie zum Kochen kommt.

UNTEN
Weinreben in Monte Reggiano, Italien.

KAPITEL 4

HEISSE KREATIONEN

Timbalen, Terrinen und Aufläufe

Dieses Kapitel zeigt die Vielseitigkeit von Pasta, speziell bei selbstgemachtem Nudelteig, der in jeder Form und Größe ausgerollt werden kann. Die meisten der aufgeführten Rezepte lassen sich ausgezeichnet im voraus zubereiten und bieten daher gute Anregungen, wenn Freunde zum Essen kommen. Obwohl sich gekochte Nudeln als separate Zutat nicht so gut einfrieren lassen, sind Nudelaufläufe mit Sauce bestens für den Gefrierschrank geeignet. Beim Einfrieren darf man allerdings nicht vergessen, daß die

Haltbarkeit des gesamten Gerichts stets nur der kürzesten empfohlenen Zeit der enthaltenen Einzelzutaten entspricht. Zur Verdeutlichung sei als klassisches Beispiel Speck genannt, der sich nur kurze Zeit im Gefrierschrank hält und schon bald ranzig wird und dann den Geschmack eines Gerichts oder einer Sauce verdirbt. Ganz gleich, ob man nun einen herzhaften Auflauf oder eine feine Vorspeise sucht, ich bin davon überzeugt, daß sich auf den folgenden Seiten etwas Passendes findet.

Becherpasteten mit Meeresfrüchten

FÜR 4 PERSONEN

75 g Pasta-Teig (s. Seite 14), ausgerollt und in kleine Quadrate geschnitten

Butter zum Einfetten

150 ml Käsesauce (s. Seite 58)

100 g Schollenfilet ohne Haut, in Stücke geschnitten

100 g geschälte gegarte Garnelen, tiefgefrorene aufgetaut, gehackt

1 EL gehackte Petersilie

2 EL Schnittlauchröllchen

Salz und frisch gemahlener schwarzer Pfeffer

1 Ei, verschlagen

2 hartgekochte Eier

150 ml Mayonnaise

3 EL Sahne

1 EL gehackter Dill

Dill oder Petersilie und Schnittlauch (zum Garnieren)

Die Nudeln 3 Min. in kochendem Salzwasser garen, dann abgießen. Den Backofen auf 180 °C (Gasherd Stufe 2–3) vorheizen. 4 Becherförmchen mit Butter einfetten und den Boden mit Backpapier auslegen. Förmchen auf ein Backblech stellen. Die Pasta mit der Sauce mischen. Fisch, Garnelen, Petersilie, Schnittlauch, Salz, Pfeffer und verschlagenes Ei dazugeben. Zutaten durchrühren, damit sie gleichmäßig vermischt sind, dann auf die Förmchen verteilen. Mit Backpapier abdecken und für 30 Min. in den Backofen stellen.

In der Zwischenzeit die hartgekochten Eier fein hacken und mit Mayonnaise vermischen. Salzen und pfeffern, dann Sahne und Dill unterrühren. Mit einer Messerklinge am Rand der Formen entlangfahren und die Becherpastetchen auf Portionsteller stürzen. Backpapier entfernen und etwas Sauce auf die Teller geben; restliche Sauce getrennt reichen. Mit Kräutern garnieren, sofort servieren.

UNTEN
Fischerboote am Mittelmeer. Zu ihrem Fang gehören Kalmar, Sardinen, Schwertfisch und Garnelen.

Pasta-Lachs-Timbalen

FÜR 4 PERSONEN

50 g Pasta-Teig mit Kurkuma (s. Seite 15)

Salz und frisch gemahlener schwarzer Pfeffer

1 Dose (200 g) Lachs

50 g frische Weißbrotkrumen

1 EL feingehackte Frühlingszwiebel

3 Stengel Basilikum, in Streifen, oder 1 EL Petersilie

50 g Ricotta, durch ein Sieb gestrichen

Salz und frisch gemahlener schwarzer Pfeffer

1 Ei, getrennt

Zum Garnieren

Basilikum oder Petersilie

halbierte Zitronenscheiben

Den Nudelteig hauchdünn ausrollen. Ein kleines Porzellanförmchen nehmen und eine Papierschablone im Durchmesser des Bodens ausschneiden oder ein Ausstechförmchen bereitlegen. Porzellanförmchen einfetten und den Boden mit Backpapier auslegen. 12 runde Pasta-Blätter ausstechen und 3 Min. in kochendem Salzwasser garen. Abgießen und in jedes Förmchen ein Teigblatt legen. Restliche Teigblätter auf Küchenkrepp legen. Den Backofen auf 180 °C (Gasherd Stufe 2–3) vorheizen. Lachs abtropfen lassen, Haut und Gräten entfernen. Fisch zerdrücken und mit Weißbrotkrumen, Frühlingszwiebel, Basilikum oder Petersilie und Ricotta vermengen. Salzen und pfeffern und Eigelb unterrühren. Eiweiß zu festem Eischnee schlagen und unter die Lachsmischung heben. Etwa die Hälfte der Lachsmischung gleichmäßig auf die Förmchen verteilen und glattstreichen. Je ein Pasta-Blatt darauflegen. Die verbliebene Lachsmischung darauf verteilen und mit den 4 verbliebenen Teigblättern abdecken. Die Förmchen auf ein Backblech stellen, mit Alufolie abdecken und für 25–30 Min. in den Backofen schieben, bis die Lachsmischung fest geworden und aufgegangen ist. Die Förmchen 2 Min. stehenlassen, dann mit einem Messer am Rand entlangfahren und die Timbalen auf Portionsteller stürzen. Backpapier entfernen. Mit Basilikum oder Petersilie und Zitrone garnieren.

Meeresfrüchte-Lasagne

FÜR 6 PERSONEN
350 g Pasta-Teig mit Spinat (Seite 15) oder frische grüne Lasagne-Nudeln
2 EL Olivenöl
25 g Butter
1 Zwiebel, feingehackt
1 Lorbeerblatt
40 g Mehl
300 ml trockener Weißwein
300 ml Fischfond
100 g kleine Champignons, in Scheiben geschnitten
Salz und frisch gemahlener schwarzer Pfeffer
700 g weißfleischiges Fischfilet, ohne Haut, in Stücken
225 g geschälte gegarte Garnelen, tiefgefrorene aufgetaut
450 g Miesmuscheln, gegart, aus den Schalen gelöst (s. Seite 40)
2 EL gehackte Petersilie
1 Rezept Béchamel-Sauce (s. Seite 58)
50 g Cheddar-Käse, gerieben

Den ausgerollten Pasta-Teig in ca. 12,5 cm große Quadrate oder in Rechtecke schneiden. Teigblätter einzeln in einen großen Topf mit kochendem Salzwasser geben. Das Wasser wieder zum Kochen bringen und die Nudeln 3 Min. garen. Abgießen und mit kaltem Wasser abschrecken. Die Nudelblätter auf doppeltes Küchenkrepp legen.

Den Backofen auf 180 °C (Gasherd Stufe 2–3) vorheizen. In einem Topf das Öl und die Butter erhitzen. Die Zwiebel und das Lorbeerblatt dazugeben und 10 Min. garen, bis die Zwiebel weich wird. Dann das Mehl unterrühren. Nach und nach den Wein und den Fischfond dazugießen und die Sauce unter ständigem Rühren zum Kochen bringen. Champignons hinzufügen, salzen und pfeffern und alles 10 Min. köcheln lassen. Den Topf von der Kochstelle nehmen und dann den Fisch, die Garnelen, die Miesmuscheln und die Petersilie unterrühren. Die Lasagne-Nudeln und die Fischsauce schichtweise in eine große ofenfeste Form füllen und mit einer Lage Nudeln enden. Die Béchamel-Sauce gleichmäßig auf den Nudeln verteilen und den Käse darüberstreuen. Für 40–50 Min. in den Backofen schieben, bis die Lasagne goldbraun ist und die Sauce brodelnd kocht.

Lasagne mit Hühnerfleisch und Schinken

Dieses Rezept ist einfach und köstlich! Anstelle von Hühnerfleisch läßt sich auch Pute verwenden.

FÜR 6 BIS 8 PERSONEN

350 g Pasta-Teig mit Spinat (Seite 15) oder frische grüne Lasagne-Nudeln

2 Rezepte Béchamel-Sauce (s. Seite 58)

225 g gegartes Hühnerfleisch ohne Haut und Knochen, gewürfelt

225 magerer Kochschinken, gewürfelt

100 g kleine Champignons, gehackt

6 Frühlingszwiebeln, gehackt

2 EL gehackte Petersilie

1 EL gehackter Salbei

Salz und frisch gemahlener schwarzer Pfeffer

75 g Caerphilly-, Lancashire- oder Wensleydale-Käse, fein zerkrümelt

Paprika

25 g frische Weißbrotkrumen

Lasagne-Nudeln wie für Lasagne Al Forno (siehe unten) herstellen und kochen. Eine 30–38 x 20 cm ofenfeste Form mit Butter einfetten. Backofen auf 180 °C (Gasherd Stufe 2–3) vorheizen.

Ein Drittel der Béchamel-Sauce beiseite stellen. Hühnerfleisch, Schinken, Champignons, Frühlingszwiebeln, Petersilie und Salbei mit der restlichen Sauce vermischen. Die Sauce abschmecken, dann schichtweise mit den Lasagne-Nudeln in die Form füllen; mit einer Lage Nudeln abschließen. Den Käse in die zurückgestellte Béchamel rühren und die Sauce dann gleichmäßig auf der Lasagne verteilen. Mit Paprika und den Weißbrotkrumen bestreuen.

Die Lasagne für 40–50 Min. in den Backofen schieben, bis die Sauce brodelnd kocht und die Oberfläche knusprig und goldbraun ist.

Tips & Tricks

Zum Bestreuen der Lasagne kann man alternativ auch eine Mischung aus zerkrümelten Chips und feingehackten gesalzenen Erdnüssen zu den Weißbrotkrumen geben.

RECHTS
Lasagne mit Hühnerfleisch und Schinken.

Klassische Lasagne Al Forno

FÜR 6 BIS 8 PERSONEN

350 g Pasta-Teig (s. Seite 14) oder frische Lasagne-Nudeln

Salz und frisch gemahlener schwarzer Pfeffer

Butter zum Einfetten

1 Rezept Kräftiges Fleischragout (s. Seite 47)

1 1/2 Rezepte Béchamel-Sauce (s. Seite 58)

25 g frisch geriebener Parmesankäse

Den ausgerollten Pasta-Teig in große Quadrate (ca. 12,5 cm) oder Rechtecke schneiden. Nudelblätter einzeln in einen großen Topf mit kochendem Salzwasser gleiten lassen. Wasser wieder zum Kochen bringen und die Nudeln 3 Min. garen. Abgießen und unter fließend kaltem Wasser abschrekken. Lasagne-Blätter auf doppeltes Küchenkrepp legen. Backofen auf 180 °C (Gasherd Stufe 2–3) vorheizen. Eine rechteckige Auflaufform (etwa 30–38 x 20 cm) mit Butter einfetten. Etwas Fleischragout darin verteilen, Béchamel-Sauce, dann eine Lage Nudeln daraufgeben. Abwechselnd Fleischragout, Béchamel-Sauce und Lasagne-Blätter in die Auflaufform schichten; mit einer Lage Nudeln abschließen. Dabei nur wenig Béchamel-Sauce zwischen die Lagen geben, da der größte Teil zum Abdecken der oberen Nudelschicht benötigt wird. Lasagne mit Parmesan bestreuen und 45–50 Min. in den Backofen stellen, bis sie goldbraun ist.

Tagliatelle-Auflauf mit Putenfleisch

FÜR 4 BIS 6 PERSONEN

2 EL Olivenöl
1 Zwiebel, gehackt
1 Knoblauchzehe, zerdrückt
1 grüne Paprikaschote, Samen entfernt, gewürfelt
1 TL getrockneter Majoran
350 g Putenfleisch ohne Haut u. Knochen, gegart, gewürfelt
100 g Champignons, in dünne Scheiben geschnitten
1 Dose (400 g) gehackte Tomaten
3 EL gehackte Petersilie
Salz und frisch gemahlener schwarzer Pfeffer
450 g Tagliatelle, gekocht
4 Stengel frisches Basilikum
600 ml Béchamel-Sauce (s. Seite 58)
100 g Mozzarella-Käse, in Würfel geschnitten
2 EL frisch geriebener Parmesankäse

Backofen auf 200 °C (Gasherd Stufe 3–4) vorheizen. In einem großen Topf das Öl erhitzen. Zwiebel, Knoblauch, Paprikastücke und Majoran dazugeben. Unter häufigem Rühren etwa 15 Min. garen, bis die Zwiebel weich ist. Putenfleisch, Champignons, Tomaten und Petersilie unterrühren. Salzen und pfeffern. Topf von der Kochstelle nehmen und die Tagliatelle unterheben. Die Mischung in eine ofenfeste Form füllen und mit einem Suppenlöffel glattstreichen. Basilikum mit einer Schere in feine Streifen schneiden und zur Béchamel-Sauce geben. Abschmecken und die Sauce auf die Nudeln gießen. Mozzarella und Parmesan mischen und über die Sauce streuen. Den Auflauf für 40–45 Min. in den Backofen schieben, bis er gebräunt ist.

Cannelloni mit Spargelfüllung

Möchte man die Röllchen als leichte Vorspeise servieren, halbiert man die angegebenen Mengen.

FÜR 4 PERSONEN

1/2 Rezept Pasta-Teig (s. Seite 14)

Butter zum Einfetten

100 g Doppelrahmkäse

4 EL frisch geriebener Parmesankäse

2 EL Schnittlauchröllchen

25 g frische Weißbrotkrumen

Salz und frisch gemahlener schwarzer Pfeffer

32 dünne Stangen Spargel, vorgegart (s. Seite 24)

1 Rezept Béchamel-Sauce (s. Seite 58)

Den Nudelteig zu einer langen Platte rollen, etwas größer als 25 x 50 cm. (Teig kann auch in 2 Portionen ausgerollt werden.) Ränder geradeschneiden, den Teig längs halbieren und quer in 8 Blätter gleicher Größe unterteilen, daß insgesamt 16 rechteckige Nudelblätter von 12,5 x 6 cm Größe entstehen. Nudelblätter 3 Min. in kochendem Salzwasser garen. Abgießen, mit kaltem Wasser abschrekken und auf doppeltes Küchenkrepp legen.

Backofen auf 200 °C (Gasherd Stufe 3–4) vorheizen. Eine ofenfeste Form mit Butter einfetten. Den Doppelrahmkäse mit der Hälfte des Parmesans, dem Schnittlauch und den Brotkrumen vermischen. Leicht mit Salz und Pfeffer würzen. Jeweils etwas Käsefüllung auf den Nudelblättern verstreichen, 2 Stangen Spargel darauflegen und die Pasta zusammenrollen. Die Nudelröllchen mit der Nahtstelle nach unten in die Form legen. Mit der Béchamel-Sauce begießen und mit dem Rest Parmesan bestreuen. 20–25 Min. in den Ofen schieben, bis die Sauce gut kocht und leicht gebräunt ist.

Nudelauflauf mit Markkürbis und Kokosmilch

Dieses Rezept eignet sich auch gut für Gartenkürbis. Man sollte unbedingt guten Curry von einem namhaften Hersteller verwenden, da billige Sorten ungenießbar sein können.

FÜR 4 PERSONEN

25 g Butter

1 Zwiebel, gehackt

1 Knoblauchzehe, zerdrückt

675 g Markkürbis, Samen entfernt, geschält und in kleine Würfel geschnitten

1 TL milder Curry

225 g Champignons, in Scheiben geschnitten

25 g gemahlene Mandeln

1 EL Mehl

300 ml Kokosmilch (siehe Tip)

abgeriebene Schale von 1 unbehandelten Limette

Salz und frisch gemahlener schwarzer Pfeffer

350 g Spiralnudeln, gekocht

300 ml Sahne

25 g Mandelblättchen

Backofen auf 180 °C (Gasherd Stufe 2–3) vorheizen. In einem großen Topf Butter zerlassen. Zwiebel und Knoblauch dazugeben; 5 Min. garen. Dann Markkürbis, Curry und Champignons hinzufügen. 25–30 Min. unter häufigem Rühren garen, bis der Markkürbis weich ist. Gemahlene Mandeln und Mehl einrühren. Unter ständigem Rühren Kokosmilch dazugießen und erhitzen, bis die Flüssigkeit köchelt. Topf vom Herd nehmen. Abgeriebene Limettenschale hinzufügen; salzen und pfeffern. Nudeln mit der Sahne mischen und die Hälfte gleichmäßig in einer Auflaufform verteilen. Kürbismischung und die restlichen Nudeln daraufgeben. Mit Mandelblättchen bestreuen und den Auflauf 30 Min. in den Backofen stellen, bis er leicht gebräunt ist.

Tips & Tricks

Kokosmilch kann man wie folgt herstellen: Getrocknete oder frische Kokosraspeln mit kochendem Wasser übergießen und 30 Min. abgedeckt stehenlassen. Dann in ein Sieb gießen und mit Hilfe eines Löffels die gesamte Flüssigkeit herausdrücken. Eine andere Möglichkeit ist, Instant-Kokosmilchpulver zu kaufen und nach Anweisung des Herstellers aufzulösen.

Blumenkohl-Stilton-Terrine

FÜR 6 PERSONEN

450 g Blumenkohl

175 g Stilton-Blauschimmelkäse, feinzerkrümelt

100 g frische Weißbrotkrumen

8 Frühlingszwiebeln, feingehackt

1 EL gehackter Salbei

150 ml saure Sahne

4 EL trockener Sherry

2 Eier

Salz und frisch gemahlener schwarzer Pfeffer

frisch geriebene Muskatnuß

Butter zum Einfetten

1/2 Rezept Pasta-Teig mit Spinat (s. Seite 15) oder frische grüne Lasagne-Nudeln

gute Tomatensauce (s. Seite 56) zum Servieren

Blumenkohl 5 Min. in kochendem Wasser blanchieren. Abtropfen und die Röschen klein hacken. Blumenkohl, Stilton, Weißbrotkrumen, Frühlingszwiebeln, Salbei, saure Sahne, Sherry und Eier vermengen. Mit Salz, Pfeffer und etwas Muskatnuß würzen. Backofen auf 180 °C (Gasherd Stufe 2–3) vorheizen. Wasserbad vorbereiten und eine 1-kg-Kastenform mit Butter einfetten. Frischen Pasta-Teig in breite Streifen schneiden, die so lang sind, daß sich die Form quer damit auskleiden läßt und der Teig am Rand überhängt. Nudelblätter 3 Min. kochen. Abgießen, mit kaltem Wasser abschrekken und auf doppeltes Küchenkrepp legen.

Kastenform mit Teig auskleiden und die Streifen überlappen lassen. Gekaufte frische Lasagne-Nudeln evtl. aneinandersetzen. Abwechselnd je eine Lage Blumenkohlmischung und Nudelblätter einschichten, bis die Kastenform gefüllt ist. Nudeln dazu passend schneiden und an den Nahtstellen überlappen lassen. Mit einer Schicht Blumenkohl abschließen. Enden der Pasta nach innen schlagen und das Ganze mit einer Lage Nudeln abdecken. Ein Stück Pergamentpapier großzügig mit Butter einfetten und auf die Nudeln legen. Form mit Alufolie verschließen und die Folie am Rand andrücken. Im Wasserbad für 90 Min. in den Backofen stellen, bis die Füllung gar ist und sich fest anfühlt. Die Terrine aus dem Ofen nehmen und 5 Min. ruhen lassen. Mit einer Palette zwischen der Pasta und der Form entlangfahren und die Terrine auf eine flache Platte stürzen. Die Terrine in dicke Scheiben schneiden und mit Tomatensauce servieren.

Pasta-Röllchen mit Hackfleischfüllung

FÜR 4 PERSONEN

- *450 g gehacktes Schweinefleisch*
- *50 g frische Weißbrotkrumen*
- *1 Zwiebel, feingehackt*
- *1 EL gehackter Rosmarin*
- *2 EL gehackte Petersilie*
- *2 Eier, verschlagen*
- *Salz und frisch gemahlener schwarzer Pfeffer*
- *1/2 Rezept Pasta-Teig mit Möhren (s. Seite 15)*
- *300 ml trockener Cidre*
- *600 ml Hühnerbrühe*
- *40 g Butter*
- *15 g Mehl*
- *Rosmarinzweige zum Garnieren (nach Belieben)*

Hackfleisch, Brotkrumen, Zwiebel, Rosmarin, Petersilie und die Hälfte der verschlagenen Eier vermengen. Kräftig mit Salz und Pfeffer würzen; die Zutaten durchkneten, bis sie gut vermischt sind.

Den Nudelteig zu einem Rechteck ausrollen, das etwas größer als 42 x 25 cm ist. Die Ränder gerade schneiden und den Teig mit verschlagenem Ei bestreichen. Die Hackfleischmischung gleichmäßig darauf verteilen und rundum einen schmalen Rand frei lassen. Den Teig vom langen Ende aus zusammenrollen. Das Ende mit Ei bestreichen und an der Rolle festdrücken.

Den Backofen auf 180 °C (Gasherd Stufe 2–3) vorheizen. In einem großen Topf Wasser zum Kochen bringen. Die Rolle je nach Größe des Topfes halbieren oder in 4 Stücke schneiden. Die Stücke vorsichtig ins kochende Wasser legen und 3 Min. köcheln lassen. Wickelt man einige Streifen zusammengefaltete Alufolie um die Rolle, läßt sie sich besser ins Wasser legen und wieder herausnehmen; andernfalls einen großen Bratenwender und einen Schaumlöffel zu Hilfe nehmen. Die Rolle in 16 Scheiben schneiden und diese in einen Schmortopf legen.

Den Cidre zusammen mit der Brühe erhitzen. Pasta-Röllchen damit übergießen, Deckel auflegen und das Ganze für 1 Stunde in den Backofen schieben. In der Zwischenzeit die Butter und das Mehl verkneten. Die gegarten Pasta-Rollen auf einer Servierplatte oder auf Portionstellern anrichten und warm halten. Die Garflüssigkeit in einem Topf zum Kochen bringen und dann nach und nach die Mehlbutter unterrühren. Die Sauce 3 Min. kochen lassen, dann abschmecken. Etwas Sauce über die Pasta-Rollen schöpfen, den Rest getrennt reichen. Nach Belieben mit frischem Rosmarin garnieren.

RECHTS
Eine berühmte italienische Ansicht: der Dom von Florenz mit seiner Brunelleschi-Kuppel.

Truthahn-Lasagne-Kranz

FÜR 4 PERSONEN

100 g Pasta-Teig mit Spinat (s. Seite 15) oder frische grüne Lasagne-Nudeln

100 g Pasta-Teig (s. Seite 14) oder frische Lasagne-Nudeln

2 EL Öl

450 g Porree, gehackt

450 g Putenfleisch ohne Haut und Knochen, gewürfelt

1 Kochapfel, geschält, Kerngehäuse entfernt, in Stücke geschnitten

50 g frische Weißbrotkrumen

2 EL gehackter Salbei

Salz und frisch gemahlener schwarzer Pfeffer

1 Ei

Champignonsauce (s. Seite 58) zum Servieren

Beide Teigsorten getrennt ausrollen und in breite Streifen oder Lasagne schneiden, die so lang sind, daß sich eine Ringform damit auslegen läßt. Lasagne-Nudeln 3 Min. in Salzwasser garkochen. Abgießen, unter kaltem Wasser abschrecken und auf doppeltes Küchenkrepp legen. In einem großen Topf das Öl erhitzen. Den Porree dazugeben und etwa 15 Min. garen, bis er zusammengefallen und weich geworden ist. Von der Kochstelle nehmen. Putenfleisch, Apfel, Brotkrumen, Salbei, reichlich Salz und Pfeffer sowie das Ei untermischen.

Backofen auf 180 °C (Gasherd Stufe 2–3) vorheizen. Eine Ringform von gut 1 l Inhalt einfetten, dann abwechselnd mit grünen und einfachen Lasagne-Nudeln auslegen; am Rand überhängen lassen. Füllung in der Form verteilen und die Enden der Nudelstreifen darüberlegen. Mit gefetteter Alufolie abdecken und 1 Stunde im Backofen garen. Um festzustellen, ob die Putenfleischfüllung gar ist, mit der Messerspitze ein wenig Füllmasse aus der Mitte herausholen. Pasta-Kranz auf eine Platte stürzen. Zum Servieren in Scheiben schneiden und Champignonsauce dazu reichen.

Tips & Tricks

Inmitten des Pasta-Kranzes Gemüse anrichten, z.B. sautierte Zucchini, glasierte Möhren oder sautierte grüne Bohnen mit roten Paprika und Zwiebeln.

Pasta-Topf mit Lammfleisch

Diesen winterlichen Eintopf kann man auch mit Rind, Schwein oder Speck zubereiten. Zum Auftunken der Sauce knuspriges Weißbrot reichen.

FÜR 4 PERSONEN

1 EL Öl

ca. 500 g mageres Lammfleisch ohne Knochen, gewürfelt

1 Zwiebel, gehackt

2 Möhren, in Würfel geschnitten

2 Zweige Rosmarin

Salz und frisch gemahlener schwarzer Pfeffer

600 ml obergäriges helles Bier

600 ml Wasser

225 g tiefgefrorene Erbsen

450 g Spiralnudeln

150 ml saure Sahne

Paprika

Croûtons (zum Servieren)

In einem großen Bräter oder schweren Topf das Öl erhitzen. Lammfleisch dazugeben und rundum gut anbraten. Zwiebel, Möhren, Rosmarinzweige, Salz und Pfeffer hinzufügen. Unter Rühren einige Min. garen, dann Bier und Wasser angießen. Zum Kochen bringen, Temperatur herunterschalten und Deckel auflegen. Das Fleisch 75 Min. weichköcheln, bis die Garflüssigkeit ein kräftiges Aroma hat; zwischendurch umrühren.

Abschmecken, dann die Erbsen hinzufügen. Alles wieder zum Kochen bringen, Hitze reduzieren und mit aufgelegtem Deckel 15 Min. köcheln lassen. Die Pasta dazugeben, alles gut durchrühren und wieder zum Kochen bringen. Deckel halb auflegen und den Nudeltopf 5 Min. köcheln lassen.

Auf Portionstellern anrichten, etwas saure Sahne daraufgeben und mit Paprika bestreuen. Croûtons darüberstreuen und sofort servieren.

Wildkeule auf Bandnudeln

Wildbret schmeckt köstlich in dieser leicht pikanten Sahnesauce. Als preiswertere Alternative kann man auch ein Stück Rinderschmorbraten zubereiten. Man sollte den Metzger bitten, das Fleisch zu binden, damit es beim Garen die Form behält. Grüne Bohnen und glasierte Möhrenstifte dazu reichen.

FÜR 6 PERSONEN

1,4 kg Wildkeule ohne Knochen
1 Zwiebel, in feine Streifen geschnitten
1 Möhre, in Würfel geschnitten
1 EL Koriandersamen, grob zerstoßen
1 TL grüne Pfefferkörner, zerstoßen
1 Lorbeerblatt
1 Flasche trockener Weißwein
2 EL Pistazienöl
2 EL Öl
100 g Frühstücksspeck ohne Schwarte, gewürfelt
Salz und frisch gemahlener schwarzer Pfeffer
100 g entsteinte Trockenpflaumen, grobgehackt
100 g Maronenpilze, in Scheiben geschnitten
40 g Butter
25 g Mehl
450 g Bandnudeln
300 ml saure Sahne

Wildbret in eine Schüssel legen. Zwiebel, Möhre, Koriandersamen, Pfefferkörner und Lorbeerblatt dazugeben. Fleisch mit Wein begießen und mit Pistazienöl beträufeln. Zum Marinieren abgedeckt für 24 Stunden in den Kühlschrank stellen. Das Fleisch dabei möglichst oft in der Marinade wenden.

In einem großen Bräter oder schweren Topf Öl erhitzen. Das Wildbret gut anbraten. Frühstücksspeck zugeben, 2–3 Min. braten, dann die gesamte Marinade hinzufügen. Kräftig salzen und pfeffern; soviel Wasser angießen, daß das Wild zu zwei Dritteln bedeckt ist. Das Ganze zum Kochen bringen, Temperatur herunterschalten und einen schließenden Deckel auflegen. Das Fleisch 90 Min. köcheln, dann wenden. Trockenpflaumen und Pilze dazugeben und alles weitere 75 Min. garen. Butter und Mehl zu einer glatten Paste verkneten und beiseite stellen. Nudeln zum Fleisch in den Topf geben. Zum Kochen bringen, Hitze reduzieren und alles 10 Min. köcheln. Das Fleisch aus dem Topf nehmen. Die Nudeln mit einem Schaumlöffel auf eine vorgewärmte Servierplatte heben. Abdekken und warm stellen. Garflüssigkeit im offenen Topf bei starker Hitze auf etwa 450 ml einkochen.

Zwischenzeitlich das Fleisch in Scheiben schneiden und auf den Nudeln anrichten. Abdecken und warm stellen. Mehlbutter mit dem Schneebesen in die Sauce ziehen; unter ständigem Rühren 2 Min. kochen. Topf vom Herd nehmen, saure Sahne einrühren; abschmecken. Sauce evtl. erneut erhitzen, aber nicht kochen. Etwas Sauce über Fleisch und Nudeln schöpfen, den Rest getrennt reichen.

KAPITEL 5

GEFÜLLTE NUDELN

voller Aroma

Selbstgemachte gefüllte Teigwaren lohnen der Mühe, denn ihre Qualität zeigt sich nicht nur in der Beschaffenheit der Füllung, sondern auch im Geschmack. Hat man erst

einmal den richtigen Rhythmus im Füllen, Formen und Verschließen der Teigtaschen gefunden und ein Gespür für den Teig entwickelt, ist die Herstellung gefüllter Pasta ebenso vergnüglich wie ihr Genuß. Nach dem Füllen werden die Teigtaschen auf eine große bemehlte Platte oder ein bemehltes Backblech gelegt. Stapelt man die Nudeln übereinander, bestäubt man sie leicht mit Mehl, damit sie nicht zusammenkleben und brechen. Da sich angetrockneter Teig nur schlecht verarbeiten läßt, deckt man beim Füllen alle nicht benötigten Teigstücke locker mit Klarsichtfolie ab. Man sollte nicht den Ehrgeiz haben,

möglichst viel Füllmasse in die kleinen Teigblätter zu geben. Die meisten Füllungen sind kräftig gewürzt und sorgen daher auch in kleinen Mengen für viel Aroma. Enthalten die Teigtaschen dagegen zuviel Füllung, platzen sie beim Kochen oftmals auf. Die Teigränder werden dünn mit verschlagenem Ei bestrichen, dürfen aber nicht zu feucht sein, da sie sonst nicht zusammenhalten. Die Garzeit für gefüllte Teigwaren, wie etwa Ravioli, richtet sich stets nach der Art der Füllung – rohe Fleischfüllungen brauchen naturgemäß länger als vorgegarte.

Thunfisch-Dreiecke

FÜR 6 BIS 8 PERSONEN

200 g Thunfisch aus der Dose, abgetropft

2 EL feingehackte Frühlingszwiebel

1 Knoblauchzehe, zerdrückt

50 g frische Weißbrotkrumen

abgeriebene Schale von 1/2 unbehandelten Zitrone

4 EL frisch geriebener Parmesankäse

Salz und frisch gemahlener schwarzer Pfeffer

etwa 3 EL Milch

2/3 Rezept Pasta-Teig (s. Seite 14)

1 Ei, verschlagen

Gute Tomatensauce (s. Seite 56), Weißweinsauce (s. Seite 59), Käsesauce (s. Seite 58) oder Champignonsauce (s. Seite 58)

frisch geriebener Parmesankäse (zum Servieren)

Den Thunfisch zerdrücken und mit Frühlingszwiebel, Knoblauch und Brotkrumen vermengen. Zitronenschale, Parmesankäse und Salz und Pfeffer nach Geschmack dazugeben. Etwas Milch unterrühren, damit die Mischung bindet.

Die Hälfte des Nudelteigs zu einem Quadrat von 30 cm Seitenlänge ausrollen. In fünf Teigstreifen von 6 cm Breite, dann quer in Quadrate schneiden. Ein Teigquadrat mit etwas Ei bestreichen. Etwas Thunfischfüllung in der Mitte daraufsetzen und den Teig zu einem Dreieck umfalten. Die Ränder gut zusammendrücken, damit die Füllung nicht heraustreten kann. Mit übrigen Nudelblättern und der zweiten Teigportion ebenso verfahren.

In einem großen Topf Salzwasser zum Kochen bringen. Gefüllte Nudeldreiecke hineingeben; Wasser wieder zum Kochen bringen. Es darf nur sanft kochen, da die Teigtaschen sonst platzen. Nudeln 4–5 Min. garen, dann abtropfen lassen. Teigtaschen mit einer der Saucen und Parmesankäse servieren.

Pikante Sardinen-Cannelloni

Hier ein preiswertes Gericht für wochentags. Die Sardinen-Käse-Füllung eignet sich auch gut für Ravioli und Tortellini.

FÜR 4 PERSONEN

- *1/3 Rezept Pasta-Teig (s. Seite 14)*
- *2 Dosen (je 120 g) Ölsardinen*
- *1 Zwiebel, gehackt*
- *1 Knoblauchzehe, zerdrückt*
- *75 g frische Weißbrotkrumen*
- *100 g Champignons, gehackt*
- *100 g Frischkäse*
- *100 g Cheddar-Käse, gerieben*
- *abgeriebene Schale und Saft von 1 unbehandelten Zitrone*
- *Salz und frisch gemahlener schwarzer Pfeffer*
- *Butter zum Einfetten*
- *1 Rezept Gute Tomatensauce (s. Seite 56)*

Den Nudelteig zu einem Quadrat von 40 cm Seitenlänge ausrollen. Teig in 4 Streifen von 10 cm Breite, dann quer in 16 Quadrate schneiden. In einem großen Topf gesalzenes Wasser zum Kochen bringen und die Nudelblätter partienweise 3 Min. kochen. Abgießen, mit kaltem Wasser abschrekken und auf doppeltes Küchenkrepp legen.

Das Öl der Sardinen in einen kleinen Topf gießen. Zwiebel und Knoblauch dazugeben und unter häufigem Rühren 10 Min. garen. Topf von der Kochstelle nehmen. Die Ölsardinen zerdrücken und zu der Zwiebel und dem Knoblauch in den Topf geben. Brotkrumen, Pilze, Frischkäse, drei Viertel des Cheddar-Käses, Zitronenschale und -saft untermischen. Nach Geschmack salzen und pfeffern.

Backofen auf 200 °C (Gasherd Stufe 3–4) vorheizen. Eine ofenfeste Form mit Butter einfetten. Etwas Sardinenfüllung auf ein Stück Pasta geben und den Nudelteig zusammenrollen. Nudelröllchen mit der Naht nach unten in die Form legen. So auch die übrigen Nudelblätter füllen und aufrollen. Tomatensauce über die Cannelloni gießen; den übrigen Käse darüberstreuen. 25–30 Min. in den Ofen schieben, bis der Käse zerlaufen und gebräunt ist.

Tortellini mit Hühnerfleisch

FÜR 6 BIS 8 PERSONEN

225 g gegartes Hühnerfleisch ohne Haut und Knochen, feingehackt

25 g frische Weißbrotkrumen

2 EL sehr feingehackte Zwiebel

1 EL gehackter Salbei

2 EL gehackte Petersilie

4 EL Sahne oder Milch

Salz und frisch gemahlener schwarzer Pfeffer

2/3 Rezept Pasta-Teig (s. Seite 14)

1 Ei, verschlagen

Weißweinsauce (s. Seite 59) oder Gute Tomatensauce (s. Seite 56)

frisch geriebener Parmesankäse (zum Servieren)

Hühnerfleisch, Brotkrumen, Zwiebel, Salbei, Petersilie und Sahne oder Milch vermischen. Salzen und pfeffern; Zutaten mit einem Löffel mischen.

Den Pasta-Teig in zwei Hälften schneiden. Eine Portion zu einem 30 cm großen Quadrat ausrollen – es empfiehlt sich, den Teig etwas größer auszurollen und dann die Ränder gerade zu schneiden. Den Teig in 6 Streifen von 5 cm Breite schneiden und diese dann quer in 5 cm große Quadrate. Ein Teigquadrat mit etwas Ei bestreichen und etwas Füllmasse in die Mitte geben. Zwei gegenüberliegende Ecken aufeinanderlegen, so daß ein Dreieck entsteht. Die lange Seite des Dreiecks um die Fingerspitze wickeln und die Spitzen zusammendrükken, so daß die Form der Teigtasche einer Mitra (Bischofsmütze) gleicht. So alle Teigblätter füllen und zu Tortellini drehen. Dann die zweite Hälfte des Nudelteigs ausrollen und weitere Tortellini herstellen. Nicht zu viel Füllmasse in die Tortellini geben, da sie sonst beim Garen aufplatzen.

In einem großen Topf gesalzenes Wasser zum Kochen bringen. Tortellini hineingeben und Wasser wieder zum sanften Kochen bringen. Die Tortellini 5 Min. garen, dann gut abtropfen lassen. Mit Weißweinsauce oder Guter Tomatensauce servieren und Parmesankäse dazu reichen.

Andere Serviervorschläge

- Heiße, zerlassene Butter und Parmesankäse unter die Tortellini heben.
- Mit Béchamel-Sauce (s. Seite 58) servieren.
- Mit Pesto (s. Seite 57) servieren.
- Tortellini in einer Suppe servieren, etwa Rinderkraftbrühe oder Hühnerbrühe.

Ravioli mit Rosmarin-Hackfleisch-Füllung

Je nachdem, wo man sich in Italien aufhält, sind Ravioli entweder viereckig oder rund. Runde, gefüllte Teigtaschen werden in manchen Regionen auch *agnolotti* genannt.

FÜR 12 PERSONEN

2 EL Olivenöl

1 Zwiebel, feingehackt

2 Knoblauchzehen, zerdrückt

4 Wacholderbeeren, zerstoßen

1 EL gehackter Rosmarin

1/2 TL gemahlene Muskatblüte

350 g mageres gehacktes Schweinefleisch

50 g frische Weißbrotkrumen

50 g Champignons, gehackt

Salz und frisch gemahlener schwarzer Pfeffer

2 Eier

1 Rezept Pasta-Teig (s. Seite 14)

ZUM SERVIEREN

Weißweinsauce (s. Seite 59)

100 g kleine Champignons, in dünnen Scheiben

2 EL gehackte Petersilie

frisch geriebener Parmesankäse

In einem Topf das Öl erhitzen. Zwiebel, Knoblauch und Wacholderbeeren dazugeben. Unter Rühren 15 Min. garen, bis die Zwiebel weich ist. Rosmarin, Muskatblüte, Hackfleisch, Brotkrumen, Champignons und reichlich Salz und Pfeffer unterrühren. 1 Ei hinzufügen und die Zutaten mit einem Löffelrücken gut durchkneten. Das zweite Ei verschlagen.

Die Hälfte des Nudelteigs zu einem Quadrat von etwas mehr als 45 cm Seitenlänge ausrollen. Mit

einem Ausstechförmchen von 5 cm Durchmesser runde Teigblätter ausstechen. Förmchen von Zeit zu Zeit in Mehl drücken, damit der Teig immer sauber durchtrennt wird. Am besten ist es, die Teigblätter dicht nebeneinander in geraden Reihen auszustechen und zum Schluß die Teigabschnitte nach oben wegzuziehen. Es sollen ca. 80 runde Teigblätter werden. Während des Füllens alle Teigblätter, die noch nicht benötigt werden, mit Klarsichtfolie abdecken. Ein Teigblatt mit Ei bestreichen, etwas Fleischfüllung daraufsetzen und mit einem zweiten Teigblatt bedecken. Ränder zusammendrücken, um die Füllung einzuschließen. Übrige Teigblätter ebenso füllen, dann restlichen Nudelteig ausrollen und eine zweite Partie Ravioli herstellen.

Ravioli in einen großen Topf mit kochendem Wasser geben und nach dem Aufkochen noch 15 Min. köcheln. Gefüllte Nudeln evtl. partienweise garen. Dann abgießen. Sauce zubereiten, die Sahne noch nicht zugeben. Pilze dazugeben und 5 Min. köcheln. Sahne und Petersilie unterrühren. Ravioli mit der Sauce begießen und mit Parmesankäse servieren.

Ravioli mit Rindfleisch und Tomatensauce

FÜR 6 PERSONEN

1 EL Öl

1/2 Zwiebel, feingehackt

1 Knoblauchzehe, zerdrückt

1/2 TL getrockneter Majoran

1/4 TL gehackter Thymian

1/4 TL gemahlener Koriander

Salz und frisch gemahlener schwarzer Pfeffer

100 g Rinderhüftsteak, gehackt

50 g magerer Frühstücksspeck, feingehackt

25 g frische Weißbrotkrumen

1 Ei, verschlagen

2/3 Rezept Pasta-Teig (s. Seite 14)

1 Rezept Gute Tomatensauce (s. Seite 56)

frisch geriebener Parmesankäse (zum Servieren)

In einem kleinen Topf das Öl erhitzen. Zwiebel, Knoblauch, Majoran, Thymian, Koriander, Salz und Pfeffer zugeben. Unter Rühren 5 Min. garen, dann vom Herd nehmen. Gehacktes Rindfleisch, Frühstücksspeck und Brotkrumen untermischen. Die Zutaten mit etwas verschlagenem Ei binden und durchkneten, bis alles gut vermischt ist.

Den Nudelteig halbieren. Eine Portion zu einem Rechteck ausrollen, etwas größer als 35,5 x 25 cm. Ränder geradeschneiden. Teigplatte mit Klarsichtfolie abdecken und die zweite Portion ebenso ausrollen. Die Ränder brauchen nicht geradegeschnitten zu werden, da die Teigplatte zum Abdecken der Füllung etwas größer sein muß.

Im Abstand von ca. 2 cm kleine Fleischbällchen in Reihen auf die erste Teigplatte legen. Insgesamt sollen 34–36 Ravioli entstehen. Das restliche verschlagene Ei evtl. mit etwas Wasser verdünnen und den Nudelteig zwischen der Fleischfüllung damit bestreichen. Zweite Teigplatte darauflegen. Beide Teiglagen von einem Ende aus zusammendrücken, dabei die Luft herausstreichen und das Fleisch leicht flachdrücken. Mit einem scharfen Messer oder einem Teigrädchen die Ränder beschneiden und den Teig zwischen den Ravioli durchtrennen. Darauf achten, daß die Ravioli eine gleichmäßige Größe haben und sie, wenn nötig, leicht mit Mehl bestäuben, damit sie nicht zusammenkleben.

In einem großen Topf gesalzenes Wasser zum Kochen bringen. Die Hitze ein wenig reduzieren, damit das Wasser nicht zu heftig kocht, und die Ravioli hineingeben. Die Ravioli 10–15 Min. köcheln lassen. In der Zwischenzeit Tomatensauce erhitzen. Die Ravioli abgießen, in einer Servierschüssel anrichten und die Tomatensauce darübergießen. Dann behutsam durchheben und Parmesankäse dazu reichen.

Walnuß-Käse-Ravioli

FÜR 6 PERSONEN

2 EL Olivenöl

1 kleine Zwiebel, feingehackt

1 Knoblauchzehe, zerdrückt

100 g Walnußkerne, feingehackt

100 g Ricotta-Käse

75 g Greyerzer Käse

2 EL frisch geriebener Parmesankäse

6 Stengel Basilikum, in feine Streifen geschnitten

50 g frische Weißbrotkrumen

Salz und frisch gemahlener schwarzer Pfeffer

2/3 Rezept Pasta-Teig (s. Seite 14)

1 Ei, verschlagen

Weißweinsauce (s. Seite 59) oder zerlassene Butter

In einem kleinen Topf das Öl erhitzen. Zwiebel und Knoblauch dazugeben und 15 Min. garen, bis die Zwiebel weich, aber nicht gebräunt ist. Den Topf von der Kochstelle nehmen und die Walnüsse, Ricotta, Greyerzer Käse, Parmesan, Basilikum und Brotkrumen unterrühren. Nach Geschmack mit Salz und Pfeffer würzen und die Zutaten gründlich vermengen.

Die Ravioli wie im Rezept *Ravioli mit Rindfleischfüllung und Tomatensauce* (s. Seite 79) herstellen. Darauf achten, daß die gefüllten Teigtaschen gut verschlossen sind. Die Ravioli 5 Min. in siedendem Wasser garen, da die Käsefüllung schneller gar ist als das rohe Rindfleisch. Abgießen und mit Weinsauce oder nur mit Butter und frisch gemahlenem Pfeffer servieren.

Spinat-Ricotta-Tortellini

FÜR 6 BIS 8 PERSONEN

ca. 200 g frischer Spinat, geputzt und gegart
100 g Ricotta-Käse
4 EL frisch geriebener Parmesankäse
25 g frische Weißbrotkrumen
Prise getrockneter Thymian
1 TL getrockneter Majoran
etwas frisch geriebene Muskatnuß
Salz und frisch gemahlener schwarzer Pfeffer
2/3 Rezept Pasta-Teig (s. Seite 14)
1 Ei, verschlagen

Den Spinat gut abtropfen lassen und erst dann fein hacken. Mit dem Ricotta-Käse, dem Parmesan, den Brotkrumen und Kräutern vermengen. Mit etwas Muskat, Salz und Pfeffer abschmecken.

Aus dem Nudelteig, dem verschlagenen Ei und der Füllung Tortellini herstellen. Dazu wie im Rezept *Tortellini mit Hühnerfleisch* (s. Seite 77) vorgehen. Die Tortellini in gleicher Weise garen und servieren.

Gefüllte Halbmonde

Diese pikanten Nudeltaschen sind sättigend, nahrhaft und ein leckeres vegetarisches Mittagessen.

FÜR 4 PERSONEN

1 EL Öl

1/2 kleine Zwiebel, gehackt

1/2 kleine Möhre, gehackt

1 Knoblauchzehe, zerdrückt

1 TL Kreuzkümmelsamen

1 TL gemahlener Koriander

200-g-Dose Kichererbsen, abgetropft

1 Tomate, abgezogen und gehackt

2 TL gehackte Korianderblätter

Salz und frisch gemahlener schwarzer Pfeffer

1/2 Rezept Pasta-Teig mit Kurkuma (s. Seite 15)

1 Ei, verschlagen

50 g leicht gesalzene Butter

1/2 Salatgurke, geschält und in Würfel geschnitten

2 EL gehackte Minze

In einem kleinen Topf das Öl erhitzen. Zwiebel, Möhre, Knoblauch und Kreuzkümmel dazugeben. Unter häufigem Rühren 10 Min. garen. Gemahlenen Koriander unterrühren und 2 Min. mit erhitzen. Den Topf vom Herd nehmen. Die Kichererbsen grob zerdrücken (es soll kein glattes Püree entstehen) und in die Zwiebelmischung rühren. Dann die Tomaten und den gehackten Koriander dazugeben. Salzen und pfeffern.

Pasta-Teig zu einem Quadrat von 45 cm Seitenlänge ausrollen. Mit einem 5 cm-Ausstechförmchen runde Teigblätter ausstechen. Das Förmchen von Zeit zu Zeit in Mehl drücken. Am besten ist es, die Teigblätter dicht nebeneinander in geraden Reihen auszustechen und zum Schluß den Teig nach oben abzuheben. Es sollen ca. 80 Teigblätter werden. Teigblätter, die nicht benötigt werden, mit Klarsichtfolie abdecken. Ein Teigblatt mit Ei bestreichen und etwas Kichererbsenmischung daraufsetzen. Teig in der Mitte zu einem Halbkreis zusammenfalten. Ränder zusammendrücken. Übrige Teigblätter ebenso füllen. Teigtaschen in kochendes Salzwasser geben und 3–5 Min. garen, wenn das Wasser wieder zum Kochen gekommen ist.

Während die Pasta kocht, Butter erhitzen. Gurkenstückchen und Minze dazugeben und bei schwacher Hitze stehenlassen. Gegarte Nudeltaschen in einer vorgewärmten Servierschüssel anrichten und mit der Butter und der Gurkenmischung begießen. Gründlich durchheben und sofort servieren.

Cannelloni mit dreierlei Käse

Für die Füllung der Cannelloni sollte unbedingt bester Parmesankäse verwendet werden. Gekaufter geriebener Parmesan ist zwar kräftig, doch fehlt ihm die Süße eines guten Käses – und er schmeckt zu scharf. Ein frischer, knackiger grüner Salat ist die beste Beilage zu diesem gehaltvollen überbackenen Gericht mit Käse und Tomaten.

FÜR 4 PERSONEN

- *1/3 Rezept Pasta-Teig (s. Seite 14)*
- *225 g Ricotta-Käse*
- *75 g frisch geriebener Parmesankäse*
- *100 g frische Weißbrotkrumen*
- *1 TL getrockneter Oregano*
- *1 Bund Brunnenkresse, geputzt und gehackt*
- *Salz und frisch gemahlener schwarzer Pfeffer*
- *frisch geriebene Muskatnuß*
- *Butter zum Einfetten*
- *1 Rezept Gute Tomatensauce (s. Seite 56)*
- *175 g Mozzarella-Käse, in dünne Scheiben geschnitten*
- *eine Handvoll Basilikum*

Den Pasta-Teig dünn zu einem 40 cm großen Quadrat ausrollen. In vier 10 cm breite Streifen und dann quer in 16 Quadrate schneiden. In einem großen Topf gesalzenes Wasser zum Kochen bringen und die Nudelblätter – nötigenfalls in mehreren Partien – 3 Min. kochen. Abgießen, mit kaltem Wasser abschrecken und auf doppeltes Küchenkrepp legen.

Ricotta, Parmesan, Brotkrumen, Oregano und Brunnenkresse vermengen. Nach Geschmack mit Salz, Pfeffer und geriebener Muskatnuß würzen. Gut durchrühren, damit die Zutaten gründlich vermischt sind.

Den Backofen auf 200 °C (Gasherd Stufe 3–4) vorheizen. Eine ofenfeste Form mit Butter einfetten. Etwas Käsemischung auf ein Nudelblatt geben, ordentlich aufrollen und mit der Nahtstelle nach unten in die Form legen. Die übrigen Pasta-Blätter in gleicher Weise füllen. Die Cannelloni mit der Tomatensauce übergießen und die Mozzarella-Scheiben darauf verteilen. Für 25–30 Min. in den Backofen schieben, bis der Käse zerlaufen und gebräunt ist. Die Basilikumblätter und weiche Stengel mit einer Schere in Streifen schneiden und über die Cannelloni streuen. Sofort servieren.

Auberginen-Päckchen

Die angegebenen Mengen halbieren, wenn pro Person ein Auberginen-Päckchen serviert wird.

FÜR 4 PERSONEN

2 kleine Auberginen

Salz und frisch gemahlener schwarzer Pfeffer

4–6 EL Olivenöl

2 große Scheiben magerer Kochschinken

8 Salbeiblätter

8 kleine Scheiben (225 g) Dolcelatte-Käse

2/3 Rezept Pasta-Teig (s. Seite 14)

2 große Zwiebeln, in feine Streifen geschnitten

450 g reife Tomaten, abgezogen, in Scheiben

100 g Frischkäse mit Knoblauch und Kräutern

50 g Semmelbrösel

4 EL frisch geriebener Parmesankäse

Auberginen putzen und in 8 Scheiben schneiden. Auberginenscheiben über einer Schüssel in einen Durchschlag legen, leicht salzen und 30 Min. stehenlassen. Dann gründlich abspülen und auf Küchenkrepp abtropfen. In einer Pfanne Olivenöl erhitzen und Auberginenscheiben rundum bräunen; evtl. mehr Öl zugeben. Schinken in 8 Stücke schneiden. Je 2 Auberginenscheiben übereinanderschichten und ein Stück Schinken, ein Salbeiblatt und eine Scheibe Dolcelatte dazwischen legen. Die Hälfte des Nudelteigs zu einem Quadrat von 30 cm Seitenlänge ausrollen und in vier 15 cm große Quadrate schneiden. Nudelblätter 3 Min. kochen, dann auf doppeltes Küchenkrepp legen. Gefüllte Auberginenscheiben je in die Mitte der Nudelblätter legen und den Teig darüberfalten, so daß 4 kleine Päckchen entstehen.

Backofen auf 180 °C (Gasherd Stufe 2–3) vorheizen. Restliches Olivenöl erhitzen. Zwiebeln dazugeben und 15–20 Min. weichgaren. Zwiebeln auf dem Boden einer ofenfesten Form verteilen. Tomatenscheiben darauflegen und kräftig salzen und pfeffern. Auberginenpäckchen mit der Nahtstelle nach unten auf das Gemüsebett legen. Je etwas Frischkäse daraufgeben und verstreichen. Semmelbrösel und Parmesan mischen; Päckchen damit bestreuen. Mit gefetteter Alufolie abdecken und 20 Min. in den Backofen schieben. Die Folie abnehmen und die Auberginenpäckchen noch 10 Min. überbacken.

RECHTS
Ein Haus in der Toskana, mit traditionellen Fensterläden .

Cannelloni mit Möhren und Zucchini

FÜR 4 PERSONEN

1/3 Rezept Pasta-Teig (s. Seite 14)

3 EL Olivenöl

1 Zwiebel, gehackt

1 Knoblauchzehe, zerdrückt

225 g Möhren, geraspelt

100 g Zucchini, geraspelt

50 g frische Weißbrotkrumen

2 Tomaten, abgezogen und gehackt

2 EL gehackte Petersilie

1 TL getrockneter Majoran

Salz und frisch gemahlener schwarzer Pfeffer

1 Rezept Käsesauce (s. Seite 58)

3 EL Semmelbrösel

Den Nudelteig dünn zu einem 40 cm großen Quadrat ausrollen. In vier 10 cm breite Streifen, dann quer in 16 Quadrate schneiden. In einem großen Topf gesalzenes Wasser zum Kochen bringen und die Nudelblätter – evtl. in mehreren Partien – 3 Min. kochen. Abgießen, mit kaltem Wasser abschrekken und auf doppeltes Küchenkrepp legen.

Backofen auf 180 °C (Gasherd Stufe 2–3) vorheizen. In einem großen Topf Öl erhitzen. Zwiebel und Knoblauch dazugeben und 15 Min. garen, bis die Zwiebel weich, aber nicht gebräunt ist. Möhren hinzufügen und unter ständigem Rühren 20 Min. weichgaren. Temperatur so regulieren, daß die Möhren nicht bräunen. Zucchini unterrühren und alles noch 2–3 Min. garen. Den Topf vom Herd nehmen. Brotkrumen, Tomaten, Petersilie und Majoran dazugeben und mit Salz und Pfeffer würzen.

Jeweils etwas Gemüsemischung auf die Nudelblätter geben, die Pasta ordentlich aufrollen und mit der Nahtstelle nach unten in eine gefettete ofenfeste Form legen. Die Cannelloni mit der Käsesauce begießen und die Semmelbrösel darüberstreuen. Für 40 Min. in den Backofen schieben, bis die Oberfläche goldbraun gebacken ist.

KAPITEL SECHS

KALTE NUDELN

Frische Salat-Ideen

Ich würde mich freuen, wenn die Rezepte dieses Kapitels eine neue Begeisterung für Nudelsalate auslösen. Es gab eine Zeit, in der jeder riesige Schüsseln mit Reis- oder Nudelsalat auf den Tisch stellte, wenn Freunde zu Besuch kamen – eine ausgezeichnete Idee, allerdings nur, wenn die Pasta wirklich „al dente" ist, die Zutaten damit harmonieren und das Dressing den Salat geschmacklich abrundet. Gewöhnlich bevorzuge ich kurze Nudeln für Salate, doch habe ich auch einige Rezepte für Bandnudeln und Spaghetti aufgeführt. Die Zubereitung von Salaten bietet sich an, wenn Pasta-Teig übriggeblieben ist: Mit Ausstechförmchen lassen sich Nudeln in verschiedenen Formen herstellen, oder man schneidet den Teig in Streifen und anschließend in Quadrate oder Rauten. Stark gezackte Formen und unregelmäßige Abschnitte sollte man hingegen vermeiden, da sie in einem Salat eher stören. Hat man einmal zuviel Pasta für eine Mahlzeit gekocht, läßt sich daraus immer ein leckerer Salat für die Lunch-Box, für ein Picknick oder als Imbiß am Abend zubereiten.

Pasta-Cocktail mit Räucherlachs

Dieses Rezept verwandelt eine geringe Menge Räucherlachs in eine ansprechende Vorspeise.

FÜR 4 PERSONEN

100 g frische Spiralnudeln

4 EL Mayonnaise

4 EL saure Sahne

2 EL Schnittlauchröllchen

Salz und frisch gemahlener schwarzer Pfeffer

4 Blätter Endivie oder Frisée, in Streifen geschnitten

175 g geräucherter Lachs, in Streifen geschnitten

2 EL gehackter Dill

abgeriebene Schale von 1/2 unbehandelten Zitrone

frischer Dill (zum Garnieren)

4 Zitronenachtel (zum Servieren)

Die Nudeln 3 Min. in kochendem Salzwasser garen. Abgießen und abkühlen lassen. Mayonnaise, saure Sahne und Schnittlauch unter die Nudeln heben. Mit Salz und Pfeffer würzen.

Den grünen Salat in vier Glasschalen anrichten und die Nudeln darauf verteilen. Den Räucherlachs mit dem Dill und der Zitronenschale vermischen und auf den Nudeln anrichten. Mit Dill garnieren. Zitronenachtel dazu reichen, damit der Fisch bei Tisch mit Zitronensaft beträufelt werden kann.

Nudelsalat mit Krabbenfleisch und Zucchini

FÜR 4 PERSONEN

225 g frische Pasta

225 g kleine junge Zucchini

6 Frühlingszwiebeln, gehackt

6 Stengel Basilikum

Salz und frisch gemahlener schwarzer Pfeffer

2 EL Zitronensaft

2 EL Olivenöl

175 g Krabbenfleisch

4 hartgekochte Eier

4 EL gehackte Petersilie

Die Pasta 3 Min. in kochendem Salzwasser garen. Abtropfen lassen und in eine Schüssel geben. Zucchini putzen, grob raspeln und mit den Frühlingszwiebeln zu den Nudeln geben. Über der Schüssel die Basilikumblätter und ihre weichen Stengel mit einer Schere in Streifen schneiden. Mit Salz und Pfeffer würzen und den Zitronensaft dazugeben. Olivenöl hinzufügen und alles gut durchheben. Nudelsalat so in einer Servierschüssel verteilen, daß in der Mitte eine Vertiefung vorhanden ist.

Krabbenfleisch zerpflücken. Eier hacken und mit dem Krabbenfleisch mischen. Petersilie mit einer Gabel unterziehen. Salzen und pfeffern und die Mischung in der Mitte der Nudeln anrichten. Den Salat nicht stehen lassen, sondern sofort servieren.

Schinken-Avocado-Salat

FÜR 4 PERSONEN

350 g frische Pasta

2 EL Apfelessig

1 TL körniger Senf

1/2 TL Zucker

Salz und frisch gemahlener schwarzer Pfeffer

6 EL Olivenöl

450 g magerer Kochschinken (am Stück), gewürfelt

2 Avocados

4 EL Schnittlauchröllchen

50 g Walnußkerne, gehackt

1 Salatherz oder 1/2 Eisbergsalat, in Streifen

Die Nudeln 3 Min. in kochendem Salzwasser garen und gut abtropfen lassen. In der Zwischenzeit Apfelessig, Senf, Zucker, Salz und Pfeffer in eine Schüssel geben. Kräftig mit dem Schneebesen durchrühren, bis sich Zucker und Salz aufgelöst haben. Dann nach und nach das Öl unterschlagen. Heiße Pasta in eine Schüssel füllen, mit dem Dressing begießen und gut durchheben.

Wenn die Nudeln abgekühlt sind, den Schinken untermischen. Kurz vor dem Servieren Avocados halbieren, Steine entfernen und die Hälften längs in Viertel schneiden. Schale entfernen, Fruchtfleisch in Stücke schneiden und unter die Nudeln heben. Schnittlauchröllchen und gehackte Walnüsse unterheben. Salat nach Belieben auf einem Bett aus grünem Salat anrichten. Sofort servieren, weil sich sonst das Avocadofleisch verfärbt.

Pasta-Salat mit Räuchermakrele

Dieses Rezept ist einfach, ausgesprochen lecker und schmeckt mittags ebensogut wie an einem Sommerabend. Man reicht dazu knuspriges Brot.

FÜR 4 PERSONEN

225 frische Pasta

50 g Butter

50 g frische Weißbrotkrumen

abgeriebene Schale von 1 unbehandelten Zitrone

4 EL gehackte Petersilie

150 ml saure Sahne

4 EL Meerrettichsauce

1 TL feingehackter Rosmarin

4 Frühlingszwiebeln, gehackt

Salz und frisch gemahlener schwarzer Pfeffer

4 geräucherte Makrelenfilets, die Haut abgezogen, in größere Stücke zerpflückt

2 Tomaten, abgezogen, gehackt (siehe Tip, Seite 26)

Nudeln 3 Min. in kochendem Salzwasser garen, abgießen und zum Abkühlen beiseite stellen. In einer Bratpfanne die Butter zerlassen. Die Brotkrumen dazugeben und unter häufigem Rühren rösten, bis sie knusprig und goldbraun sind. Pfanne vom Herd nehmen, Zitronenschale und 2 EL Petersilie untermischen. Zum Abkühlen stehenlassen.

Saure Sahne, Meerrettichsauce, Rosmarin und Frühlingszwiebeln unter die Nudeln mischen. Salzen und pfeffern. Geräucherte Makrele und restliche Petersilie mit einer Gabel unter die Nudeln ziehen. Salat in eine flache Schüssel füllen. Gehackte Tomaten als Längsstreifen darauf anrichten und Brotkrumenmischung daneben verteilen. Sofort nach dem Garnieren servieren.

Tips & Tricks

Der Rosmarin muß sehr fein gehackt werden, da die spitzen Blättchen sonst stören. Um die gerösteten Brotkrumen und die gehackten Tomaten in geraden Streifen auf dem Salat anzurichten, ein großes Küchenmesser oder eine Palette benutzen. Die Zutaten für die Garnitur auf ein sauberes Brett geben, mit der waagerecht gehaltenen Klinge aufnehmen und an der gewünschten Stelle über den Salat halten. Die Klinge mit einer raschen Bewegung senkrecht stellen, so daß die Garnitur als gleichmäßiger Streifen auf den Salat rutscht.

Pasta-Salat mit grünen Bohnen

FÜR 4 PERSONEN

225 g frische grüne Pasta

225 g grüne Bohnen, in 5 cm lange Stücke geschnitten

1 Dose (425 g) Flageolet-Bohnen (Grüne Bohnenkerne)

1 rote Zwiebel, halbiert, in feine Streifen geschnitten

2 EL Estragon-Essig

1 TL Zucker

Salz und frisch gemahlener schwarzer Pfeffer

1 Knoblauchzehe, zerdrückt

6 EL Olivenöl

6 EL Croûtons

Nudeln 3 Min. in kochendem Salzwasser garen. Gut abtropfen lassen und in eine Schüssel geben. Die frischen grünen Bohnen 3 Min. in kochendem Salzwasser blanchieren, dann abgießen und zu den Nudeln geben. Die grünen Bohnenkerne und die Zwiebelstreifen unter den Salat heben.

Estragon-Essig, Zucker, Salz, Pfeffer und Knoblauch in ein Schraubdeckelglas geben und schütteln, bis sich der Zucker auflöst. Das Öl hinzufügen, Glas verschließen und kräftig schütteln. Dressing über den Salat gießen und gründlich unterheben. Abgedeckt stehenlassen, bis der Salat kalt ist.

Vor dem Servieren den Salat noch einmal durchheben und Croûtons untermischen. Sofort servieren, damit die Croûtons schön knusprig bleiben.

Spaghetti-Salat mit Salami

FÜR 4 PERSONEN

350 g frische Spaghetti

4 EL Pinienkerne

175 g Salami, in Streifen geschnitten

50 g schwarze Oliven, entsteint, in Scheiben geschnitten

1 Dose (425 g) Artischockenherzen, abgetropft

2 EL Apfelessig

Salz und frisch gemahlener schwarzer Pfeffer

1/2 TL Zucker

6 EL Olivenöl

4 EL gehackte Petersilie

Spaghetti in 5 cm lange Stücke schneiden und 3 Min. in kochendem Salzwasser garen. In einem feinmaschigen Sieb gut abtropfen lassen und anschließend zum Abkühlen in eine Schüssel geben.

In einem kleinen, schweren Topf die Pinienkerne ohne Fett rösten, bis sie leicht gebräunt sind. Die gerösteten Pinienkerne zu den Spaghetti geben. Salami, Oliven und Artischockenherzen unterheben. Apfelessig, Salz, Pfeffer und Zucker in einem Schraubdeckelglas vermischen. Kräftig schütteln, bis sich der Zucker aufgelöst hat, dann das Olivenöl hinzufügen und erneut schütteln.

Das Dressing über den Salat gießen und gut unterheben. Anschließend die Petersilie unterziehen und den Salat sofort servieren.

Nudelsalat mit Frankfurter Würstchen

FÜR 4 PERSONEN

225 g frische Nudeln oder kleine Pasta-Quadrate (s. Seite 14)

1/2 kleine Zwiebel, gehackt

225 g Weißkohl, in Streifen geschnitten

2 Möhren, grobgeraspelt

150 ml Mayonnaise

8 Frankfurter Würstchen, in Scheiben geschnitten

Salz und frisch gemahlener schwarzer Pfeffer

4 EL gehackte, geröstete Erdnüsse

Die Pasta 3 Min. in kochendem Salzwasser garen, abtropfen und abkühlen lassen. Zwiebel, Weißkohl, Möhren und Mayonnaise mischen. Nudeln und Würstchen unter die Weißkohlmischung heben und salzen und pfeffern. Salat in vier Servierschalen anrichten. Mit Erdnüssen bestreuen und sofort servieren. Reichlich warmes, knuspriges Weißbrot dazu reichen.

Tagliatelle-Nester

Gut als Vorspeise oder leichtes Mittagessen.

FÜR 4 PERSONEN

350 g frische grüne Tagliatelle

2 Tomaten, abgezogen, entkernt und in Würfel geschnitten (siehe Tip, Seite 26)

2 EL Walnußöl

3 EL Sonnenblumenöl

Saft von 1 Limette

Salz und frisch gemahlener schwarzer Pfeffer

1 EL gehackte Minze

225 g Frühstücksspeck ohne Schwarte

100 g enthülste frische Erbsen

4 kleine Zucchini

4 EL saure Sahne oder Fromage frais

Minzestengel zum Garnieren (nach Belieben)

Tagliatelle 3 Min. in kochendem Salzwasser garen, abgießen und in eine Schüssel geben. Tomaten, Walnuß- und Sonnenblumenöl, Limettensaft, Salz und Pfeffer sowie die Minze dazugeben. Die Zutaten gründlich durchheben und abgedeckt stehenlassen, bis die Nudeln abgekühlt sind.

Speckscheiben knusprig grillen; zwischendurch einmal wenden. Speck auf Küchenkrepp abtropfen und abkühlen lassen. Die Erbsen 15 Min. in kochendem Wasser garen, dann abgießen und beiseite stellen. Die Zucchini putzen, sehr dünn schälen, so daß sie noch eine hellgrüne Farbe haben, dann längs halbieren. In dünne Scheiben schneiden und zu den Erbsen geben.

Tagliatelle mit dem Dressing auf vier Portionstellern anrichten und die Nudeln dabei zu Nestern drehen. Die Zucchini-Erbsen-Mischung in die Nudelnester füllen. Den knusprigen Speck in Stücke brechen und über das Gemüse streuen. Etwas saure Sahne oder Fromage frais daraufgeben. Nach Belieben mit Minzeblättchen garnieren.

Pasta-Salat mit Tomaten und Basilikum

Mit knusprigem Weißbrot serviert, ist dieser Salat eine köstliche Vorspeise oder ein leichtes Mittagessen. Sein Gelingen hängt selbstverständlich von frischem Basilikum ab.

FÜR 4 PERSONEN

- *225 g frische Pasta*
- *450 g reife Tomaten, abgezogen, entkernt und in Viertel geschnitten (siehe Tip, Seite 26)*
- *6 Frühlingszwiebeln, gehackt*
- *1 Knoblauchzehe, zerdrückt*
- *Salz und frisch gemahlener schwarzer Pfeffer*
- *4–6 EL Olivenöl*
- *6 Stengel Basilikum*

Nudeln 3 Min. in kochendem Salzwasser garen. Abgießen und zum Abkühlen beiseite stellen. Tomaten und Frühlingszwiebeln mischen. Knoblauch, Salz, Pfeffer und Olivenöl dazugeben und alles gut mischen. Abgedeckt 1 Stunde durchziehen lassen.

Tomatenmischung unter die Nudeln heben. Mit einer Schere die Basilikumblätter und ihre weichen Stengelenden in Streifen schneiden und die Pasta damit bestreuen. Durchheben und sofort servieren.

UNTEN
Frische Waren in der Auslage eines italienischen Feinkostgeschäfts.

Pasta-Salat mit gerösteten Paprikaschoten

Das Häuten von Paprikaschoten ist der Mühe wert. Es können Paprika in allen Farben verwendet werden. Der Salat ist eine ideale Beilage zu gegrilltem Fleisch oder Geflügel. Statt gekaufter kann man selbstgemachte Pasta-Quadrate (s. Seite 14) nehmen.

FÜR 4 PERSONEN

225 g frische Nudeln

2 rote Paprikaschoten

1 grüne Paprikaschote

1 gelbe Paprikaschote

4 EL Olivenöl

2 EL gehackte Petersilie

1 EL Zitronensaft

Salz und frisch gemahlener schwarzer Pfeffer

1 Dose (50 g) Sardellenfilets, abgetropft, gehackt

2 hartgekochte Eier, gehackt

Nudeln 3 Min. in kochendem Salzwasser garen. Gut abtropfen lassen, dann in eine flache Servierschüssel füllen.

Paprikaschoten im Grill rösten, bis sie rundum angekohlt sind. Dies ist recht zeitaufwendig, da man die ganze Zeit dabei sein und die Schoten drehen muß, damit die Haut überall Blasen wirft. Sobald sie sich vom Fruchtfleisch gelöst hat, läßt sie sich gut abziehen; an den Schoten verbliebene Haut unter kaltem fließendem Wasser abreiben.

Die Paprika auf Küchenkrepp trocknen lassen. Dann halbieren und die Samen und Rippen entfernen. Die Paprika quer in dünne Streifen schneiden und auf die Nudeln streuen. Olivenöl, Petersilie, Zitronensaft sowie Salz und Pfeffer nach Geschmack vermischen. Die gehackten Sardellenfilets unterrühren und dieses Dressing mit einem Löffel gleichmäßig auf den Paprikastreifen und den Nudeln verteilen. Mit den gehackten hartgekochten Eiern bestreuen und sofort servieren.

Bunter Pasta-Salat

Ein gutes Rezept für Parties und Picknicks!

FÜR 4 PERSONEN

225 g Nudeln

100 g tiefgefrorener Mais

100 g tiefgefrorene Erbsen

1 Möhre, gewürfelt

4 Stangen Bleichsellerie, gewürfelt

1 grüne Paprikaschote, Samen entfernt, gewürfelt

6 Frühlingszwiebeln, gehackt

2 EL gehackte Petersilie

250 ml Mayonnaise

3 EL Sahne

225 g Knoblauchwurst, in Stücke geschnitten

Salz und frisch gemahlener schwarzer Pfeffer

Nudeln 3 Min. in kochendem Salzwasser garen. Gut abtropfen lassen und in eine Schüssel geben. Mais, Erbsen und Möhren in einem Topf mit Wasser bedecken und zum Kochen bringen. Bleichsellerie dazugeben, wieder zum Kochen bringen und das Gemüse 5 Min. garen. Dann abgießen und zur Pasta geben. Abkühlen lassen.

Grüne Paprika, Frühlingszwiebeln und Petersilie unterheben. Mayonnaise mit Sahne verdünnen und als Dressing unter den Salat heben. Die Knoblauchwurst untermischen und salzen und pfeffern.

KAPITEL 7

NUDELN INTERNATIONAL

Gerichte aus aller Welt

Dieses Kapitel zeigt eine kleine Auswahl von Rezepten mit nudelähnlichen Teigen, die aus den verschiedensten Küchen – von China bis Polen – stammen. Enthalten sind Rezepte für dim sum nach chinesischer Art, für die der feine won-tan-Teig aus dem ersten Kapitel verwendet wird, sowie eine Reihe von Rezepten für chinesische Eiernudeln. Osteuropäische Teigwaren sind durch verschiedene Gerichte vertreten, die zeigen, wie sich italienische Kochtraditionen in anderen Ländern niedergeschlagen haben. Die meisten asiatischen Lebensmittelgeschäfte verkaufen frische Eiernudeln, mitunter bekommt man auch frische Reisblätter – helle, fast durchsichtige Teigblätter, die in Fadennudeln oder breite Bandnudeln geschnitten werden können. Won-tan-Teig ist ausgerollt und in Quadraten erhältlich. All diese Teigwaren lassen sich ungegart einfrieren und können tiefgekühlt in kochendes Wasser gegeben werden. Wer glaubt, frische Pasta beschränke sich auf jene Formen und Farben, die sich aus dem einfachen Teig des ersten Kapitels herstellen lassen, sollte weiterlesen ... oder weiteressen!

Won-tan-Suppe

FÜR 4 PERSONEN

225 g gehacktes Schweinefleisch
4 Frühlingszwiebeln, feingehackt
2 kleine Champignons, feingehackt
2 EL Sojasauce
1 TL Sesamöl
1/2 Rezept won-tan-Teig (s. Seite 15)
1 Ei, verschlagen
1 EL Öl
1 Hühnerbrustfilet ohne Haut und Knochen, in Würfel geschnitten
2 Stangen Porree, in Streifen geschnitten
900 ml gute Hühnerbrühe
4 EL trockener Sherry
Salz und frisch gemahlener schwarzer Pfeffer

Hackfleisch, Frühlingszwiebeln, Champignons, Sojasauce und Sesamöl mischen. Den won-tan-Teig mit Maisstärke bestäuben und zu einem Quadrat von 37,5 cm ausrollen. Den dünn ausgerollten Teig in 7,5 cm breiten Streifen, dann quer in Quadrate schneiden. Teigblätter mit Klarsichtfolie abdecken.

Um die won-tan zu füllen, je ein Teigblatt hauchdünn ausrollen. Etwas Fleischmasse zu einem Bällchen formen und in der Mitte auf das Teigblatt legen. Füllmasse mit Ei bestreichen, Teig in Falten um die Füllung ziehen und zusammendrücken, damit die Fleischmasse beim Garen nicht heraustritt. Ecken des Teigblatts herunterhängen lassen. Zum Ablegen der fertigen won-tan eine Platte oder ein Brett mit Maisstärke bestäuben.

Für die Suppe in einem Topf das Öl erhitzen. Hühnerfleisch und Porree zugeben und unter häufigem Rühren 20 Min. garen, bis der Porree weich, das Hühnerfleisch eben gar ist. Hühnerbrühe dazugießen und kochen. Deckel auflegen und alles 20 Min. köcheln. Sherry hinzufügen, salzen und pfeffern. Won-tan in die Suppe geben, zum Kochen bringen und Temperatur etwas herunterschalten. Ca. 5 Min. garen. Die Suppe mit den won-tan in Suppenschalen gießen. Sofort servieren.

Fritierte won-tan

Diese won-tan werden hergestellt wie die in Suppe gegarten; sie werden jedoch knusprig fritiert und mit einer süß-sauren Sauce serviert. Man reicht sie bei einer chinesischen Mahlzeit als Vorspeise oder serviert sie mit Reis und pfannengerührtem Gemüse als Hauptgang.

FÜR 4 PERSONEN

Won-tan wie für won-tan-Suppe (s. Seite 101)

Öl zum Fritieren

FÜR DIE SAUCE

2 EL Öl

1 TL Sesamöl

1 Zwiebel, halbiert, in feine Streifen geschnitten

1 grüne Paprikaschote, halbiert, Samen entfernt, in feine Streifen geschnitten

1 Möhre, in feinen Streifen von 2,5 cm Länge

4 EL Tomaten-Ketchup

4 EL Sojasauce

1 EL Zucker

2 EL Apfelessig

150 ml trockener Sherry

1 TL Maisstärke

2 Scheiben Ananas aus der Dose, in kleinen Stücken

Die won-tan wie für die Suppe zubereiten und beiseite stellen, bis die Sauce fertig ist. In einem Topf Öl und Sesamöl erhitzen. Zwiebel, grüne Paprika und Möhre zufügen und 5 Min. garen. Ketchup, Sojasauce, Zucker, Apfelessig und Sherry dazugeben. Das Ganze zum Kochen bringen, Hitze reduzieren und die Zutaten 3 Min. köcheln lassen. In der Zwischenzeit die Maisstärke mit 2 EL kaltem Wasser anrühren. Dann zur Sauce geben und unter ständigem Rühren zum Kochen bringen. 2 Min. köcheln lassen, Ananas hinzufügen und bei schwacher Hitze warm halten.

Das Öl zum Fritieren auf 190 °C erhitzen. Die won-tan in mehreren Partien fritieren, bis sie goldbraun und knusprig sind. Auf Küchenkrepp abtropfen lassen. Die won-tan auf einer großen Platte anrichten und mit der Sauce begießen. Anschließend sofort servieren.

LINKS
Boote auf dem Li in Südchina.

Won-tan mit Hühnerfleisch und Gemüse

Die Teigblätter sind hier dicker als bei echten won-tan. Sie lassen sich daher einfacher und schneller füllen. Mit dem Gemüse ergeben die Nudeltaschen eine reichliche Mahlzeit.

ERGIBT ETWA 50 STÜCK – FÜR 4 PERSONEN

4 Hühnerbrustfilets ohne Haut und Knochen

1/4 TL Fünfgewürzpulver

8 Frühlingszwiebeln, gehackt

1 TL Sesamöl

5 EL Sojasauce

1 Knoblauchzehe, zerdrückt

1 Rezept won-tan-Teig (s. Seite 15)

1 Ei, verschlagen

3 EL Öl

2 Stangen Bleichsellerie in feine Streifen von 2,5 cm

1 rote Paprikaschote, in Viertel geschnitten, Samen entfernt und in dünne Streifen geschnitten

1/2 mittelgroßer Chinakohl, in Streifen geschnitten

3 EL trockener Sherry

Hühnerbrustfilets in 50 kleine Stücke schneiden. Fleisch in eine Schüssel geben und Fünfgewürzpulver, 2 EL Frühlingszwiebeln, Sesamöl, 2 EL Sojasauce und Knoblauch zugeben. Alles gut mischen; zum Marinieren 30 Min. abgedeckt stehenlassen.

Den won-tan-Teig halbieren. Eine Portion zu einem 37,5 cm großen Quadrat ausrollen. Ausgerollten Teig in fünf Streifen von 7,5 cm Breite, dann quer in Quadrate schneiden. Zum Füllen der won-tan je ein Teigblatt mit verschlagenem Ei bestreichen. Ein Stück Hühnerbrust in die Mitte geben, dann den Teig in Falten um das Fleisch legen und gut zusammendrücken. Fertige won-tan auf einer mit Maisstärke bestreuten Platte absetzen. Die zweite Teigportion ausrollen und 25 won-tan herstellen. Eine große, flache Schüssel mit Öl einfetten und vorwärmen. In einem großen Topf Wasser zum Kochen bringen und die won-tan portionsweise garen; die Garzeit beträgt 5 Min., nachdem das Wasser wieder kocht. Abtropfen lassen und in der abgedeckten Schüssel warm halten.

Während die won-tan kochen, das Gemüse zubereiten. Öl in einer großen Pfanne erhitzen. Bleichsellerie und Paprika dazugeben und 5 Min. unter Rühren garen. Die restlichen Frühlingszwiebeln zufügen und alles weitere 2 Min. garen. Chinakohl dazugeben und 3–5 Min. garen. Verbliebene Sojasauce und Sherry dazugießen und unter Rühren 1 Min. erhitzen. Pfannengerührtes Gemüse und won-tan auf einer Platte anrichten und sofort servieren.

Reisnudeln mit Gemüse

Statt Reisnudeln kann man auch Eiernudeln nehmen. Servieren Sie die Nudeln mittags oder abends als leichte Mahlzeit, oder aber als Beilage zu einem einfachen Hauptgericht, wie knusprig gebratene Ente oder in Ausbackteig fritiertes Schweinefleisch.

FÜR 4 PERSONEN
225 g ganze Zuckermaiskölbchen
2 EL Öl
1 rote Paprikaschote, Samen entfernt, längs in Viertel, dann in feine Streifen geschnitten
6 Frühlingszwiebeln, schräg in Streifen geschnitten
225 g Chinakohl, in Streifen geschnitten
175 g Bohnensprossen
4 EL Sojasauce
2 EL trockener Sherry
350 g Reis-Bandnudeln
4 EL Cashew-Kerne, geröstet
2 EL Sesamsamen, geröstet

Die Maiskölbchen 2 Min. in kochendem Wasser blanchieren, dann abgießen. Für die Nudeln einen großen Topf mit kochendem Wasser bereithalten. In einem Wok oder einem großen Topf das Öl erhitzen. Paprika und Frühlingszwiebeln dazugeben und 3 Min. unter Rühren braten. Den Chinakohl hinzufügen und 2 Min. garen. Dann die Bohnensprossen, die Sojasauce und den Sherry einrühren.

Die Nudeln ins kochende Wasser geben. Wasser wieder zum Kochen bringen und die Nudeln dann noch 1 Minute kochen lassen. Anschließend sofort abgießen. Wenn die Nudeln gar sind, ist auch das Gemüse fertig. Die Nudeln in einer Schüssel oder auf einer Platte anrichten. Danach das Gemüse daraufgeben und mit Cashew-Kernen und Sesam bestreuen. Sofort servieren.

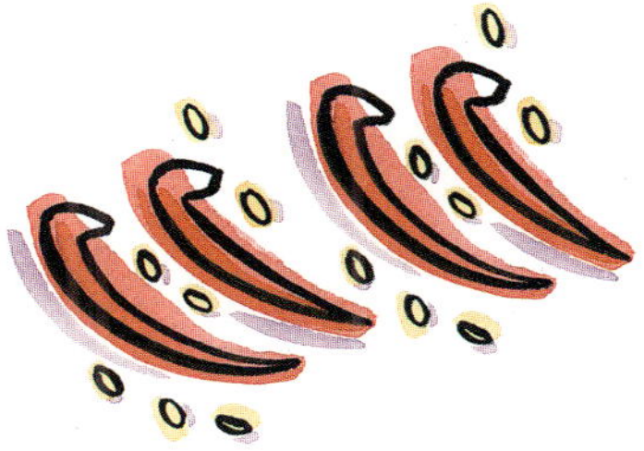

Dim sum mit Garnelen-Schweinefleisch-Füllung

ERGIBT 25 STÜCK

225 g geschälte gegarte Garnelen, gehackt

100 g gehacktes Schweinefleisch

2 Frühlingszwiebeln, feingehackt

1 TL Sesamöl

1 Knoblauchzehe, zerdrückt

2 TL Sojasauce

1/2 Rezept won-tan-Teig (s. Seite 15)

1 Ei, verschlagen

Sojasauce (zum Servieren)

Die Garnelen in der Küchenmaschine oder im Mixer fein hacken. Gehackte Garnelen, Schweinefleisch, Frühlingszwiebeln, Sesamöl, Knoblauch und Sojasauce vermengen. Zutaten gründlich durcharbeiten, damit die Mischung zusammenhält. Hände anfeuchten und 25 kleine Bällchen aus der Füllmasse formen. Won-tan-Teig zu einem Quadrat von 30 cm ausrollen. Die Arbeitsfläche mit Maisstärke bestäuben, damit der Teig nicht klebt. Den ausgerollten Teig in fünf Streifen von 6 cm Breite und dann quer in Quadrate schneiden. Zum Füllen der Teigblätter je ein Quadrat dünn mit verschlagenem Ei bestreichen. Teigblatt flach in die Hand nehmen und ein Garnelenbällchen darauflegen. Füllmasse flachdrücken und den Teig nach oben ziehen, so daß die Teigtasche oben offen bleibt. Falls nötig, den Teig dünn mit verschlagenem Ei bestreichen, damit er seitlich an der Füllung haftet. Restliche Teigblätter in gleicher Weise füllen; der Boden soll abgeflacht sein und der Teig in Falten liegen.

Die dim sum in eine gefettete flache Form legen, die in einen Dämpftopf paßt. Teigtaschen ca. 15 Min. über sprudelnd kochendem Wasser dämpfen, bis die Füllung gar ist. Zwischenzeitlich kleine Schälchen mit Sojasauce vorbereiten. Die gedämpften dim sum sofort servieren und die Sojasauce zum Dippen dazu reichen.

Dim sum mit Pilzen

Diese dim sum sind eine ausgezeichnete vegetarische Alternative zu den üblichen Teigtaschen, die mit Garnelen und Schweinefleisch gefüllt sind.

ERGIBT ETWA 50 STÜCK – FÜR 4 PERSONEN

4 große getrocknete chinesische Pilze

4 Chinakohlblätter

1/2 Dose (200 g) Wasserkastanien, abgetropft, gehackt

4 Frühlingszwiebeln, gehackt

100 g kleine Champignons, feingehackt

1 Knoblauchzehe, zerdrückt

2 EL Maisstärke

Salz

1 Ei, verschlagen

1 Rezept won-tan-Teig (s. Seite 15)

FÜR DIE SAUCE

1 EL Öl

1 TL Sesamöl

2 Frühlingszwiebeln, gehackt

15 g frische Ingwerwurzel, geschält und in feine Streifen geschnitten

1 Stange Bleichsellerie, in feine Streifen von 2,5 cm Länge geschnitten

1 Möhre, in feine Streifen von 2,5 cm Länge geschnitten

Sherry (siehe Rezept)

2 TL Maisstärke

2 EL Sojasauce

Die Pilze einer kleinen Schüssel mit kochendem Wasser bedecken und mit einem kleinen Teller beschweren, damit sie ganz im Wasser liegen. Zum Weichen 20 Min. stehenlassen. Die Chinakohlblätter 30 Sekunden in kochendem Wasser blanchieren, so daß sie gerade weich werden. Abgießen, das Wasser herausdrücken und dann fein hacken.

Pilze abgießen und ausdrücken; Flüssigkeit in einem Meßbecher auffangen. Holzige Stiele wegwerfen. Pilze hacken und unter den Chinakohl mischen. Wasserkastanien, Frühlingszwiebeln, Champignons und den Knoblauch hinzufügen. Maisstärke untermischen und nach Geschmack salzen. Verschlagenes Ei dazugeben, damit die Mischung zusammenhält.

Für die dim sum eine große Platte mit Maisstärke bestäuben. Won-tan-Teig in zwei Portionen schneiden. Eine Hälfte zu einem Quadrat von ca. 38 cm Seitenlänge ausrollen. Das Quadrat in fünf Streifen von 7,5 cm Breite, dann in Quadrate schneiden. Ein Teigblatt mit verschlagenem Ei bestreichen und ein wenig Pilzfüllung daraufgeben. Den Teig um die Füllung legen und oben zusammendrücken. Übrige Teigblätter ebenso füllen und das Ganze mit der zweiten Teigportion wiederholen. Fertige Teigtaschen auf eine bemehlte Platte legen und locker mit Klarsichtfolie abdecken, während die übrigen Teigblätter gefüllt werden.

Für die Sauce in einem kleinen Topf Öl und Sesamöl erhitzen. Frühlingszwiebeln, Ingwer, Bleichsellerie und Möhre hinzufügen. Gemüse 2 Min. unter Rühren braten. Weichwasser der Pilze mit Sherry auf 300 ml ergänzen. Maisstärke mit einer kleinen Menge dieser Flüssigkeit anrühren. Dann restliche Flüssigkeit hinzufügen und zusammen mit der Sojasauce in den Topf gießen. Alles unter Rühren zum Kochen bringen. Temperatur herunterschalten; Sauce abschmecken. Leise köcheln lassen.

In einem großen Topf gesalzenes Wasser kochen. Teigtaschen hinzufügen, Wasser wieder zum Kochen bringen und die dim sum 5 Min. köcheln. Gut abtropfen und in einer vorgewärmten Schüssel anrichten. Sauce darübergießen und servieren.

Tips & Tricks

Die dim sum lassen sich gut dämpfen, doch brauchen sie viel Platz. Mehrere auf einem Wok übereinandergestapelte Bambusdämpfer sind ideal; die dim sum sollten auf eingefettete Teller oder Schalen gelegt werden. Wird das Geschirr nicht eingefettet, kleben die dim sum daran fest.

Glänzende Teigtaschen

Traditionell werden Teigtaschen dieser Art mit einer Auswahl anderer dim sum als leichtes Mittagessen und Zwischenmahlzeit am Nachmittag serviert. Man trinkt dazu China- oder Jasmin-Tee.

ERGIBT 24 STÜCK

2 getrocknete chinesische Pilze

175 g mageres gehacktes Schweinefleisch

1 EL feingehackte frische Ingwerwurzel

1 Knoblauchzehe, zerdrückt

1 TL Sesamöl

2 EL feingehackte Wasserkastanien oder Bleichsellerie

2 Frühlingszwiebeln, feingehackt

2 EL Sojasauce

eine Messerspitze Fünfgewürzpulver

Frühlingszwiebelbüschel (zum Garnieren)

FÜR DEN TEIG

100 g Mehl

25 g Schweineschmalz

ZUM SERVIEREN

1 Knoblauchzehe, feingehackt

1 TL feingehackte frische Ingwerwurzel

1 EL feingehackte Frühlingszwiebel

1 EL trockener Sherry

etwa 250 ml Sojasauce

Die Pilze in einer kleinen Schüssel mit kochendem Wasser bedecken und mit einem kleinen Teller beschweren, damit sie vollständig im Wasser liegen. Zum Weichen 20 Min. stehenlassen. Schweinefleisch, Ingwer, Sesamöl, Wasserkastanien oder Bleichsellerie, Frühlingszwiebeln, Sojasauce und Fünfgewürzpulver mischen. Pilze abgießen, holzige Stiele wegwerfen und die Pilze fein hacken. Gehackte Pilze zum Fleisch geben und die Zutaten gründlich vermengen. Für den Teig das Mehl in eine Schüssel geben. 50 ml kochendes Wasser abmessen und Schweineschmalz hinzufügen. Wenn das Schweineschmalz geschmolzen ist, die Mischung unter das Mehl rühren, so daß ein weicher Teig entsteht. Arbeitsfläche mit etwas Maisstärke bestäuben und den Teig leicht durchkneten. Dann zu einer Rolle formen und 24 Stücke markieren. Ein Teigstück zum Formen abtrennen, den Rest der Rolle locker mit Klarsichtfolie abdecken.

Das Teigstück kurz durchkneten, zu einer Kugel rollen und dann zu einem runden Teigblatt von 5–6 cm Durchmesser flachdrücken. Etwas Fleischfüllung in die Mitte geben, den Teig um die Füllung legen und die Ränder fest zusammendrücken. Eine flache Schale oder einen Teller einfetten und die Teigtaschen darauflegen. Die restlichen Teigtaschen in gleicher Weise formen und füllen. Teigtaschen ca. 15 Min. über kochendem Wasser dämpfen, bis sie schön glänzen und gar sind. Zur Garprobe eine Teigtasche kosten.

Während die Teigtaschen gedämpft werden, die Dip-Saucen zubereiten: Knoblauch, Ingwer, Frühlingszwiebel und Sherry in vier getrennte Schüsseln geben und mit Sojasauce auffüllen. Die fertigen dim sum mit Frühlingszwiebelbüscheln garnieren und sofort servieren.

Tips & Tricks

Für die Frühlingszwiebelbüschel die Wurzeln und einen Teil des Grüns entfernen. Den oberen Teil der Zwiebeln in feine Streifen schneiden, ohne sie dabei vom Wurzelende abzutrennen. Dann die Frühlingszwiebeln in eine Schüssel mit Eiswasser legen und mindestens 30 Min. stehenlassen, damit sich die Streifen büschelförmig nach außen ziehen. Die Frühlingszwiebeln kurz vor der Verwendung abtropfen lassen.

Chow mein mit Hühnerfleisch

Chow mein ist ein chinesisches Gericht aus Eiernudeln. Ich liebe diese Kombination, die dadurch entsteht, daß die Nudeln gebraten werden, bevor man die Sauce darübergießt.

FÜR 4 PERSONEN

4 getrocknete chinesische Pilze

3 Hühnerbrustfilets ohne Haut und Knochen

2 EL Maisstärke

Salz

350 g chinesische Eiernudeln

4 EL Öl

1 EL Sesamöl

25 g frische Ingwerwurzel, geschält und in kurze feine Streifen geschnitten

4 Stangen Bleichsellerie, in feine Streifen von 2,5 cm Länge geschnitten

1 Bund Frühlingszwiebeln, schräg in Streifen geschnitten

4 EL Sojasauce

150 ml Hühnerbrühe

4 EL trockener Sherry

Die Pilze in einer kleinen Schüssel mit kochendem Wasser bedecken und mit einem kleinen Teller beschweren, damit sie vollständig im Wasser liegen. Zum Weichen 20 Min. stehenlassen. Die Pilze abgießen und die Flüssigkeit auffangen. Holzige Stiele wegwerfen, die Pilze in Scheiben schneiden.

Die Hühnerbrust in dünne Scheiben, dann in feine Streifen schneiden. Das Fleisch in eine Schüssel oder einen Gefrierbeutel geben, mit der Maisstärke überziehen und leicht salzen. Die Nudeln in einem großen Topf mit kochendem Wasser 3 Min. garen. Gut abtropfen lassen, dann in eine große Pfanne geben und behutsam flachdrücken; beiseite stellen.

In einem Wok oder einem großen Topf die Hälfte des Öls mit dem Sesamöl erhitzen. Hühnerfleisch dazugeben und unter Rühren braten, bis es leicht gebräunt ist. Ingwer, Bleichsellerie, Frühlingszwiebeln und Pilze zugeben und alles 3 Min. garen. Pilze unterrühren und die zurückgestellte Weichflüssigkeit zugeben. Sojasauce und Brühe dazugießen und unter ständigem Rühren zum Kochen bringen. Köcheln lassen, während die Nudeln gegart werden.

Die Nudeln aus der Pfanne auf einen Teller gleiten lassen. Restliches Öl in der Pfanne erhitzen und die Nudeln zurück in die Pfanne geben. Unten knusprig goldbraun braten. Mit einem großen Bratenwender umdrehen oder auf einen Teller gleiten lassen und umgedreht zurück in die Pfanne geben. Die zweite Seite ebenfalls knusprig und goldbraun braten.

Die Nudeln auf einer großen Platte anrichten und das Hühnerfleisch mit dem Gemüse darübergeben. Sofort servieren. Nudeln bei Tisch portionsweise mit Stäbchen oder mit Löffel und Gabel abbrechen. Nicht zu lange stehenlassen.

Chow mein mit Schweinefleisch

Bei diesem Rezept für chow mein wird chinesisches Fünfgewürzpulver verwendet, das selbst in kleinen Mengen für ein sehr kräftiges Aroma sorgt.

FÜR 4 PERSONEN

- *450 g mageres Schweinefleisch ohne Knochen, in sehr dünne, 2,5-5 cm große Quadrate geschnitten*
- *2 TL Sesamöl*
- *1 Knoblauchzehe*
- *2 EL Sojasauce*
- *6 EL trockener Sherry*
- *eine Messerspitze Fünfgewürzpulver*
- *2 EL Maisstärke*
- *350 g frische chinesische Eiernudeln*
- *2 EL Öl*
- *1 Zwiebel, halbiert und in feine Streifen geschnitten*
- *1 grüne Paprikaschote, Samen entfernt, längs in Viertel und dann in feine Streifen geschnitten*
- *200 g Bambussprossen aus der Dose, abgetropft und in Scheiben geschnitten*
- *150 ml Hühnerbrühe*

Schweinefleisch in eine Schüssel geben, dann Sesamöl, Knoblauch, Sojasauce und 2 EL Sherry. Fünfgewürzpulver untermischen, Schüssel abdecken und das Fleisch zum Marinieren 2 Std. stehen lassen. Fleisch aus der Marinade nehmen, Flüssigkeit zurückstellen. Das Fleisch mit der Maisstärke in einen Gefrierbeutel geben. Beutel zuhalten und gut schütteln, um das Fleisch gut mit Maisstärke zu überziehen. Nudeln 3 Min. gar kochen, dann abgießen, mit kaltem Wasser abschrecken und beiseite stellen.

In einem Wok oder einer großen Pfanne das Öl erhitzen. Fleisch hinzufügen und bei großer Hitze unter Rühren braten, bis die Stücke gebräunt sind. Zwiebel, Paprika hinzufügen und das Ganze 5 Min. unter Rühren braten, bis das Fleisch gar und das Gemüse weich ist. Bambussprossen unterrühren. Verbliebenen Sherry und die Brühe zur zurückgestellten Marinade geben und die gesamte Flüssigkeit über das Fleisch gießen. Unter Rühren zum Kochen bringen. Nudeln zugeben; durchheben, bis sie heiß sind.

Grieß-Käse-Gnocchi

Gnocchi, kleine italienische Klößchen, werden als nahe Verwandte von Pasta behandelt. Bei der Herstellung von Gnocchi wird meist Grieß verwendet.

FÜR 4 PERSONEN

900 ml Milch

1 Lorbeerblatt

1 Streifen Muskatblüte

225 g Hartweizengrieß

100 g frisch geriebener Parmesankäse

Salz und frisch gemahlener schwarzer Pfeffer

2 Eier

50 g leicht gesalzene Butter

Basilikum in Streifen oder gehackte Petersilie

Die Milch in einen großen Topf gießen, Lorbeerblatt und Muskatblüte dazugeben. Langsam zum Kochen bringen, Deckel auflegen und den Topf vom Herd nehmen. Die Milch 45–60 Min. durchziehen lassen. Wieder erhitzen, bis sie fast kocht, Lorbeerblatt und Muskatblüte herausnehmen und den Grieß einrühren. Unter ständigem Rühren etwa 12–15 Min. erhitzen, bis die Masse kocht und eindickt. Die Masse wird recht fest, so daß zum Durchrühren etwas Kraft erforderlich ist.

Topf vom Herd nehmen und Parmesankäse unterrühren. Salzen und pfeffern. Die Mischung etwas abkühlen lassen, dann die Eier unterschlagen. Eine flache Form einfetten, die Grießmasse daraufgeben und glattstreichen, so daß sie etwa 1 cm hoch ist. Abdecken, vollständig abkühlen lassen, dann einige Stunden in den Kühlschrank stellen.

Backofen auf 200 °C (Gasherd Stufe 3–4) vorheizen. Eine ofenfeste Form mit Butter einfetten. Die Grießmasse in Quadrate schneiden und in die Form legen. Restliche Butter zerlassen und über die Gnocchi träufeln. Gnocchi 20 Min. in den Backofen schieben, bis sie knusprig goldbraun sind. Mit Basilikum oder Petersilie bestreuen; sofort servieren.

Kartoffel-Gnocchi

Zu diesen Gnocchi kann man Fleischragout (s. Seite 47), Gute Tomatensauce (s. Seite 56), Pesto (s. Seite 57) oder Käsesauce (Seite 58) servieren. Für eine einfache Mahlzeit schwenkt man die Gnocchi in Butter, bestreut sie mit frisch gemahlenem schwarzem Pfeffer und reichlich geriebenem Käse – Parmesan oder ein anderer Käse eigener Wahl.

FÜR 4 PERSONEN

450 g Kartoffeln

25 g Butter

175 g Mehl

1 TL Salz

1 Ei

etwas frisch geriebene Muskatnuß

Die ungeschälten Kartoffeln je nach Größe etwa 20–30 Min. garkochen. Abgießen und unter fließend kaltem Wasser pellen. Kartoffeln zerdrücken und durch ein feinmaschiges Sieb in eine Schüssel streichen. Butter hinzufügen und gründlich untermischen. Mehl mit Salz einarbeiten, dann das Ei und etwas Muskat dazugeben. Die Zutaten mit einem Löffel, dann mit den Händen zu einem Teig verarbeiten. Den Teig leicht kneten, bis er glatt ist.

In einem großen Topf gesalzenes Wasser zum Kochen bringen. Ein Stück Kartoffelteig zu einer Rolle formen, in etwa 2,5 cm lange Stücke schneiden und diese mit den Fingern oder einer Gabel flachdrücken. Die Gnocchi ins kochende Wasser geben, das Wasser wieder zum Kochen bringen und die Gnocchi 4–5 Min. garen. Das Wasser nicht zu kräftig kochen lassen: Die gegarten Gnocchi sollen zart, aber fest sein. Gart man sie zu lange, werden sie weich und wäßrig. Die Gnocchi mit einem Schaumlöffel herausheben, wenn sie portionsweise gekocht werden. Gut abtropfen lassen. Mit zerlassener Butter begießen, mit Pfeffer würzen und mit Parmesan bestreuen. Sofort servieren.

Kopytka mit Cabanossi

Kopytka sind das polnische Gegenstück zu Kartoffel-Gnocchi: Das Verhältnis von Mehl zu Kartoffeln und Ei kann unterschiedlich sein, doch ist das Ergebnis recht ähnlich. Ist keine Cabanossi erhältlich, kann man sie durch Frankfurter Würstchen ersetzen.

FÜR 4 PERSONEN

1 Rezept Kartoffel-Gnocchi (Seite 113)

2 EL Olivenöl

2 Zwiebeln, halbiert und in feine Streifen geschnitten

1 Knoblauchzehe, zerdrückt

1 EL Kümmel

4 Cabanossi (etwa 225 g), in Scheiben geschnitten

450 g Sauerkraut

Salz und frisch gemahlener schwarzer Pfeffer

150 ml saure Sahne

Paprika

Den Kartoffelteig zubereiten und die Klößchen formen. In einer großen Pfanne das Öl erhitzen. Zwiebeln, Knoblauch und Kümmel dazugeben und etwa 20 Min. garen, bis die Zwiebeln weich sind. Cabanossi und Sauerkraut hinzufügen und alles unter häufigem Rühren weitere 20 Min. garen.

Zwischenzeitlich die Klößchen kochen (s. Seite 113). Die fertigen Klößchen mit in die Pfanne geben und unter die Wurst und das Sauerkraut mischen. Sofort servieren. Jede Portion mit etwas saurer Sahne anrichten und mit Paprika bestreuen.

Pilz-Uska

Diese kleinen gefüllten Nudeln stammen aus der polnischen Küche und haben die Form von Tortellini. Ich habe die traditionelle polnische Füllung aus Trockenpilzen übernommen. In Polen serviert man die Nudeln in kristallklarer Rote-Bete-Suppe, doch sind sie auch gut, wenn man sie mit Butter und Pfeffer oder saurer Sahne oder Tomatensauce reicht.

FÜR 4 PERSONEN

100 g Mehl

Salz und frisch gemahlener schwarzer Pfeffer

1 Ei

2 getrocknete Pilze (polnische oder italienische)

25 g frische Weißbrotkrumen

25 g Butter

1 kleine Zwiebel, feingehackt

Das Mehl mit 1/2 TL Salz in eine Schüssel geben. In die Mitte eine Mulde drücken und das Ei sowie 1 EL Wasser zugeben. Die Zutaten erst mit einem Löffel, dann mit den Händen zu einem festen, glatten Teig verarbeiten. Den Teig in einen Gefrierbeutel legen oder in Klarsichtfolie wickeln.

Pilze mit Wasser bedeckt 5 Min. köcheln lassen, dann herausnehmen. Garflüssigkeit auf 2 EL einkochen und beiseite stellen. Die Pilze hacken und mit den Brotkrumen mischen. In einem kleinen Topf Butter zerlassen. Zwiebel hinzufügen und 5 Min. unter Rühren garen. Zwiebel mit der Pilzmischung und der zurückgestellten Garflüssigkeit vermengen. Mit Salz und Pfeffer würzen.

Den Teig auf der leicht bemehlten Arbeitsfläche zu einem Quadrat von 31 cm Seitenlänge ausrollen. In sieben Streifen, dann quer in Quadrate schneiden. Auf jedes Teigblatt etwas Füllmasse geben und die Ränder mit verschlagenem Ei bestreichen. Die Teigblätter zu Dreiecken falten und die Ränder fest zusammendrücken. Die lange Seite der Dreiecke um die Fingerspitze wickeln und die Spitzen zusammendrücken. In einem großen Topf Salzwasser zum Kochen bringen. *Uska* hineingeben und das Wasser wieder kochen. Gefüllte Nudeln 3 Min. garen. Abgießen und sofort servieren.

Kopytka mit Cabanossi.

KAPITEL 8

NUDELN ALS NACHSPEISE

Süße Köstlichkeiten

Zum Schluß einige Beispiele für süße Nudeln. Je nach den eigenen kulinarischen Traditionen wird man dieses Kapitel als unerwartetes Vergnügen oder einfach nur als eine Zusammenstellung möglicher Rezepte betrachten. Mit Obst gefüllte Knödel, mit Puderzucker bestäubt und mit saurer Sahne serviert, sind klassische Beispiele für die Köstlichkeiten der osteuropäischen Küche, wo man solche Knödel als eigenständige Mahlzeit serviert.

Aus Italien stammen Kompotte und Fruchtsaucen für Pasta. Darüber hinaus gibt es neue Kreationen wie Schokoladen-Nudelteig. Will man eine gehaltvolle Nachspeise servieren, sollte das Hauptgericht leicht sein – oder man läßt das Mittagessen ausfallen und bringt am Nachmittag eine Auswahl süßer gefüllter Pasta auf den Tisch!

Zwetschgenknödel

Gekochte Obstklöße aus Kartoffelteig sind eine Spezialität der osteuropäischen Küche. Da sie recht sättigend sind, sollte man ein schlichtes, leichtes Hauptgericht servieren, wenn man Knödel dieser Art als Nachspeise reicht.

FÜR 4 PERSONEN

450 g Kartoffeln
50 g Mehl
1 Ei
12 feste Zwetschgen
75 g Marzipan
50 g Butter
Puderzucker
300 ml saure Sahne

Die ungeschälten Kartoffeln etwa 20 Min. kochen, bis sie gar sind. Abgießen, pellen, dann durch ein feinmaschiges Sieb streichen. Mehl untermischen. Wenn die Mischung etwas abgekühlt ist, das Ei unterarbeiten und alles zu einem Teig verkneten. Den Knödelteig in 12 gleiche Portionen schneiden und abdecken, damit er nicht austrocknet.

Die Zwetschgen zum Entsteinen an einer Seite aufschneiden. (Lösen sich die Steine nur schlecht, die Früchte halbieren.) Marzipan in 12 kleine Stücke schneiden und in die Zwetschgen stecken. Eine Portion Kartoffelteig flachdrücken, eine Zwetschge darauflegen und einen Knödel formen, so daß die Zwetschge ganz eingeschlossen ist.

In einem großen Topf Wasser zum Kochen bringen. Butter zerlassen und bei niedriger Temperatur warm halten. Die Zwetschgenknödel 3–5 Min. garen. Gut abtropfen lassen und in eine vorgewärmte Servierschüssel geben. Mit der Butter übergießen und dick mit Puderzucker bestreuen. Sofort servieren und saure Sahne dazu reichen.

UNTEN
Dorfbewohner aus Dzianisz in Polen auf dem Heimweg von der Kirche.

Nudeltaschen mit Rosinen-Rum-Füllung

FÜR 6 PERSONEN

50 g Rosinen, gehackt
25 g kandierte Zitrusschale, feingehackt
100 g gemahlene Mandeln
2 EL Puderzucker
8 EL Rum
2/3 Rezept Pasta-Teig (s. Seite 14)
1 Ei, verschlagen
175 g Apfelgelee, vorzugsweise aus Holzäpfeln
4 EL ungesüßter Apfelsaft
2 EL feingehackte kandierte Orangenschale (zum Garnieren)
Sahnejoghurt oder Sahne (zum Servieren)

Rosinen, kandierte Zitrusschale, Mandeln und Puderzucker vermischen. Soviel Rum unterrühren, daß die Zutaten zusammenhalten; der restliche Rum wird für die Glasur benötigt.

Den Teig wie für Nudeltaschen mit Aprikosenfüllung (s. Seite 123) ausrollen, ausstechen und füllen. Teigtaschen 5 Min. in kochendem Wasser garen, dann abgießen und gut abtropfen lassen. Für die Glasur das Apfelgelee langsam mit dem Apfelsaft erhitzen, bis das Gelee flüssig geworden ist. Zum Kochen bringen, dann vom Herd nehmen und den restlichen Rum unterrühren.

Die Teigtaschen zum Servieren mit der Apfelglasur bestreichen. Die gehackte kandierte Orangenschale darüberstreuen und Sahnejoghurt oder Sahne dazu reichen.

Pflaumen-Brombeer-Kompott

Eine leckere Sauce aus Herbstfrüchten, die gut zu selbstgemachten Nudeln paßt. Nudeln als Dessert sehen ansprechender aus, wenn man sie mit Aspikausstechern in hübschen Formen aussticht.

FÜR 6 PERSONEN
100 g Zucker
abgeriebene Schale und Saft von 1 unbehandelten Orange
150 ml trockener Cidre
1 Zimtstange
2 Nelken
450 g Pflaumen, halbiert und entsteint
450 g Brombeeren

Zucker, abgeriebene Schale und Saft der Orange, Cidre, Zimt und Nelken in einen großen Topf geben. Die Zutaten behutsam unter Rühren erhitzen, bis der Zucker flüssig wird. Bei sehr niedriger Temperatur 15 Min. durchziehen lassen, dann aufkochen und die Pflaumen dazugeben.

Die Pflaumen 3 Min. pochieren, dann die Brombeeren hinzufügen und 2 Min. garen. (Die Früchte nicht zu lange erhitzen, damit sie nicht weich werden; die Garzeit der Pflaumen hängt von ihrem Reifegrad ab.) Fruchtsauce über die Pasta schöpfen und dabei die Gewürze entfernen.

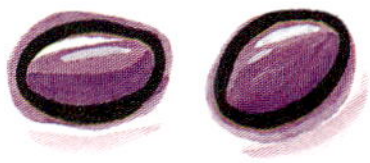

Schokoschleifen mit weißer Schokosauce

Süße Nudeln sind nicht jedermanns Geschmack, doch werden Schokoladenfreunde mit Sicherheit Gefallen daran finden.

FÜR 4 PERSONEN

1/3 Rezept Pasta-Teig (s. Seite 14)

2 EL Kakaopulver

3 EL Puderzucker

1 EL Walnußöl

1 TL naturreine Vanille-Essenz

225 g weiße Schokolade

3 EL heller Rohrzuckersirup (Golden Syrup)

25 g Butter

50 g Walnußkerne, gehackt

Den Pasta-Teig zubereiten. Dabei Kakao und Puderzucker zum Mehl geben, bevor das Ei untergemischt wird, und das Olivenöl durch 1 EL Walnußöl und die Vanille-Essenz ersetzen. Den Teig zu einem Quadrat von 30 cm Seitenlänge ausrollen. Den Teig in 3 cm breite Streifen, dann quer in Quadrate schneiden. Je zwei gegenüberliegende Ecken der Teigquadrate in der Mitte zusammendrücken, so daß kleine Schleifen mit spitzen Enden entstehen. Fertige Pasta-Schleifen auf die mit Puderzucker bestäubte Arbeitsfläche legen; nicht abdecken.

Bevor die Nudeln gegart werden, die Sauce aus weißer Schokolade zubereiten. Die Schokolade in Stücken in eine hitzebeständige Schüssel geben. Sirup und Butter hinzufügen und die Schüssel über einen Topf mit köchelndem Wasser setzen. Die Zutaten unter Rühren erhitzen, bis die Schokolade geschmolzen und die Sauce glatt ist. Den Topf mit der Schüssel von der Kochstelle nehmen und beiseite stellen. Die Nudeln 3 Min. in sanft kochendem Wasser garen. In der Zwischenzeit etwas Schokoladensauce auf angewärmte Teller schöpfen. Nudeln abgießen und auf der Sauce anrichten. Mit gehackten Walnüssen bestreuen und servieren.

Schoko-Früchte-Traum

FÜR 4 PERSONEN

1/3 Rezept einfacher Pasta-Teig (s. Seite 14) oder 1 Rezept Schokoladen-Pasta-Teig (s. Schokoschleifen, Seite 120)

225 g Erdbeeren, in Scheiben geschnitten

6 EL Ahornsirup

225 g Himbeeren

300 ml Crème double oder Sahne, geschlagen

2–3 EL geröstete gehackte Haselnüsse

Den Nudelteig herstellen und zu einem Quadrat von 30 cm Seitenlänge ausrollen. In 2,5 cm breite Streifen, dann schräg in Rauten schneiden. Die Nudeln 3 Min. in kochendem Wasser garen, dann abgießen und gut abtropfen lassen.

In einer Schüssel die in Scheiben geschnittenen Erdbeeren mit dem Ahornsirup vermischen. Abgetropfte Nudeln dazugeben und unterheben. Die Himbeeren unter die Nudeln und die Erdbeeren heben und darauf achten, daß sie nicht zerdrückt werden. Die Nudeln mit dem Obst auf 6 Tellern anrichten. Einen Löffel Sahne daraufgeben und mit gehackten gerösteten Haselnüssen bestreuen.

Nudeltaschen mit Aprikosenfüllung

FÜR 6 PERSONEN

225 g verzehrfertige getrocknete Aprikosen, feingehackt

1 TL gemahlener Zimt

2 EL Puderzucker

abgeriebene Schale und Saft von 1 unbehandelten Orange

2/3 Rezept Pasta-Teig (s. Seite 14)

1 Ei, verschlagen

100 g klarer Honig

50 g Mandelblättchen, geröstet

1 TL Zimt oder Piment

Orangenscheiben (zum Garnieren)

Schlagsahne (zum Servieren)

Aprikosen, Zimt oder Piment, Puderzucker und abgeriebene Orangenschale mischen. Nudelteig halbieren; eine Hälfte zu einem Quadrat von 30 cm Seitenlänge ausrollen. Mit einem 5 cm großen Ausstechförmchen mit gewelltem Rand 36 Teigblätter ausstechen. Ein Teigblatt mit verschlagenem Ei bestreichen, etwas Aprikosenfüllung daraufsetzen und ein zweites Teigblatt darüberlegen. Die Ränder fest zusammendrücken, damit die Füllung beim Garen der Nudeltaschen nicht heraustritt. Wenn alle Teigblätter aufgebraucht sind, mit der zweiten Teigportion in gleicher Weise verfahren. Die fertigen Nudeltaschen auf einen leicht bemehlten Teller legen und locker abdecken, während die übrigen Teigtaschen gefüllt werden.

In einem großen Topf Wasser zum Kochen bringen und die Nudeltaschen portionsweise je 5 Min. garen. Gut abtropfen lassen. Während die Nudeln gekocht werden, Orangensaft und Honig erhitzen. Heiße Pasta zum Servieren mit Honig und Orangensaft bestreichen und mit gerösteten Mandelblättchen bestreuen. Besonders hübsch sieht es aus, wenn jede Portion mit Orangenscheiben garniert wird. Mit Schlagsahne servieren.

Rote Beerensauce

Diese Sauce kann man zu selbstgemachten oder gekauften Nudeln servieren. Statt die Sauce über die Pasta zu gießen, sollte man sie in Schälchen schöpfen, die Nudeln daraufgeben und mit gehackten Nüssen und Puderzucker bestreuen.

FÜR 4 PERSONEN

225 g rote Johannisbeeren

75 g Zucker

Saft von 1 Orange

225 g Erdbeeren, halbiert

225 g Himbeeren

Minzestengel (zum Garnieren)

Johannisbeeren, Zucker und Orangensaft in einen Topf geben. Erhitzen, bis der Zucker flüssig wird, dann zum Kochen bringen. Johannisbeeren 1 Min. garen, dann den Topf von der Kochstelle nehmen.

Erdbeeren und Himbeeren mit den Johannisbeeren mischen. Nach Belieben Minze dazugeben, alles behutsam durchheben. Dann die Minze wieder herausnehmen und zum Garnieren verwenden.

LINKS
Nudeltaschen mit Aprikosenfüllung.

GLOSSAR

Agnolotti Bezeichnung für runde gefüllte Nudeltaschen (siehe Ravioli).

Al dente Der italienische Begriff für perfekt gekochte Nudeln: zart, aber nicht weich und mit etwas Biß.

Apfelessig Essig, der aus Äpfeln hergestellt wird und milder als Malzessig oder Weinessig ist.

Bain-marie Ein Behälter mit heißem Wasser, in den man ein anderes Gefäß stellt. Das Wasserbad schützt empfindliche Speisen, wie Eiercremes oder leichte Massen mit Ei, vor allzu starker Hitze. Das Wasserbad kann im Backofen oder auf dem Herd verwendet werden.

Bambussprossen Asiatische Zutat, die in Dosen erhältlich ist. Bambussprossen aus der Dose gibt es als große, halbrunde Stükke oder als dünne Scheiben. Sie finden in vielen Gerichten Verwendung, darunter *chow mein*.

Basilikum Aromatisches Küchenkraut mit großen, hellgrünen, zarten Blättern. Die Blätter sind recht empfindlich und büßen beim Hacken ihre Struktur und einen Teil ihres Aromas ein. Am besten schneidet man sie daher mit einer Schere in Streifen. Die weichen Stengelenden können auch kleingeschnitten und verwendet werden. Das Aroma von Basilikum verfliegt beim Kochen, so daß man das Küchenkraut erst am Ende der Garzeit hinzufügt. Der Geschmack von getrocknetem Basilikum läßt sich mit dem des frischen Küchenkrauts nicht vergleichen. Am besten kauft man frisches Basilikum in kleinen Töpfen oder sät es in den Sommermonaten selbst in großen Blumentöpfen aus. Überschüssige Mengen lassen sich als Pesto konservieren (s. Seite 57).

Bohnensprossen Gekeimte Mungobohnen, die geerntet werden, wenn die Sprossen etwa 2,5–5 cm lang und noch weiß sind. Sie sind knackig, haben ein sehr feines Aroma und können roh oder auch leicht gegart für viele Gerichte verwendet werden, darunter *chow mein*. Die Mungobohnen zum Keimen über Nacht in kaltem Wasser einweichen, dann abgießen und 2–3 Tage in einem abgedeckten Marmeladenglas feucht halten. Die Bohnen jeden Tag mit Wasser abspülen und an einen warmen Platz stellen, damit sie keimen. Das Glas kann mit einem Stück weißer Baumwolle abgedeckt werden, das mit einem Gummiring an seinem Platz gehalten wird.

Cannelloni Bei getrockneten Cannelloni handelt es sich um große Röhrennudeln von etwa 10 cm Länge; frische Cannelloni werden hingegen aus Teigblättern zubereitet, die man um die Füllung rollt.

Chillies Es gibt sehr viele Sorten von Chillies, von brennend scharfen bis zu milden Sorten. Kleine, dünne Chilischoten sind oftmals sehr scharf; Jalapeño-Chillies aus der Dose sind dagegen recht mild. Neben ihrer Schärfe zeichnen sich Chillies auch durch einen markant pfeffrigen Geschmack aus, der bei den milderen Sorten am stärksten ausgeprägt ist. Die Samenkerne sind besonders scharf, so daß man den Stielansatz herausschneiden und alle Samen herausspülen sollte. Nach dem Umgang mit Chilischoten sollte man stets die Hände gründlich waschen, da die darin enthaltenen ätherischen Öle ein ziemlich schmerzhaftes Brennen in den Augen und auf der Haut verursachen können.

Chinesische Eiernudeln Feine Bandnudeln aus einem gehaltvollen Nudelteig mit Ei. Sie sind in asiatischen Lebensmittelmärkten frisch erhältlich und lassen sich ausgesprochen gut einfrieren. Die Nudeln 1–2 Min. in kochendem Wasser garen, tiefgefrorene noch etwas länger.

Chow mein Ein chinesisches Nudelgericht. Die Nudeln können weich sein oder auch nach dem Kochen gebraten werden, so daß sie teilweise knusprig sind.

Croûtons In kleine Würfel oder Stücke geschnittenes und geröstetes Brot, das zum Garnieren und wegen seiner knusprigen Textur verwendet wird.

Curry Eine Gewürzmischung, die Bockshornsamen, Koriander, Kreuzkümmel, Zimt, Chilipulver, Kurkuma und Nelken enthält. Curry ist eine Erfindung der Briten, mit der sie die zahllosen Gewürzmischungen, die indische Köche selbst zusammenstellen, imitierten. Beim Kauf von Currypulver sollte man unbedingt auf gute Qualität achten. Mit mildem Curry lassen sich auch Gerichte der westlichen Küche verfeinern.

Datteln, frische Sie haben festes Fruchtfleisch und eine papierartige Haut, die sich gut abreiben oder abziehen läßt. Datteln halbieren oder an einer Seite einschneiden, um die langen, schmalen Steine zu entfernen. Datteln passen gut zu Ziegenkäse: Früchte in Scheiben schneiden und mit zerkrümeltem Ziegenkäse unter die Nudeln heben.

Dill Küchenkraut, dessen Aussehen an Fenchel erinnert, das aber einen völlig anderen Geschmack hat. Das feine Aroma von frischem Dill paßt gut zu Meeresfrüchten und zu Eiern. Getrockneten Dill sollte man nicht verwenden, denn er hat einen „grünen" Geschmack und erinnert eher an Gras. Für Saucen kann man tiefgefrorenen Dill verwenden.

Dim sum Chinesische Appetithappen, zu denen auch kleine Teigtaschen aus nudelähnlichem Teig gehören.

Dolcelatte Ein cremiger Blauschimmelkäse aus der Gorgonzola-Familie, er ist aber erheblich milder. Dolcelatte schmeckt köstlich zu Nudeln und kann entweder für eine gehaltvolle Sauce in warmer Sahne geschmolzen oder aber in Würfel geschnitten und mit Butter unter heiße Pasta gehoben werden.

Fettucine Bandnudeln, die auch als Tagliatelle bezeichnet werden.

Flageolet-Bohnen Kleine, ovale, hellgrüne Bohnenkerne. Sie haben ein sehr feines Aroma, das gut zu Pasta paßt. Die getrockneten Bohnen über Nacht einweichen, dann etwa 45 Min. kochen. Es gibt die Bohnen auch in Dosen. Sie schmecken gut zu Lamm, Minze und Pasta.

Fromage frais Weicher, cremiger Frischkäse. Kann anstelle von Sahne verwendet werden, gerinnt aber schnell beim Erhitzen, so daß Saucen mit *Fromage frais* nicht zum Kochen kommen dürfen. Es gibt verschiedene Fettstufen, die von fettarmen Sorten bis zu gehaltvollem *Fromage frais* mit hohem Fettgehalt reichen.

Fünfgewürzpulver Ein chinesisches Gewürz, mit einem außergewöhnlich kräftigen Aroma. Wie schon der Name sagt, besteht das Pulver in der Regel aus fünf Gewürzen, zu denen vor allem Sternanis, Nelken, Zimt, Fenchel und Anispfeffer gehören.

Getrocknete Pilze Steinpilze, die in Italien *porcini* heißen, sind getrocknet in Scheiben oder kleinen Stücken erhältlich. Sie werden vor der Verwendung in Wasser eingeweicht; die Flüssigkeit kann anschließend zum Aromatisieren der Sauce verwendet werden. In Feinkostgeschäften findet man noch andere getrocknete Pilze, die mitunter im Ganzen an Schnüren aufgefädelt sind. Sie haben ein kräftiges Aroma und werden deshalb in geringen Mengen verwendet.

Getrocknete chinesische Pilze Obwohl in der chinesischen Küche verschiedene Arten von getrockneten Pilzen Verwendung finden, bezieht sich dieser Name auf getrocknete Shiitake-Pilze. Die Hüte dieser Pilze, die eine Größe von 2,5 bis 7,5 cm haben, sind außen dunkel; ihre Stiele sind gewöhnlich sehr holzig. Shiitake-Pilze haben einen leicht dumpfen Geschmack, der asiatischen Gerichten ein kräftiges und markantes Aroma verleiht. Die Pilze vor dem Garen wenigstens 15 Min. einweichen, dann abgießen und die Stiele entfernen. Das Weichwasser wird häufig zum Aromatisieren von Saucen verwendet.

Gnocchi Italienische Teigwaren, für die man einen weichen Teig in kleine Klößchen oder Nocken formt und kocht. Gnocchi-Teig kann mit Grieß oder Kartoffeln zubereitet werden; oder man formt Gnocchi aus einer Mischung aus Ricotta und Spinat.

Ingwerwurzel Knollige Wurzel mit hellbrauner Schale. Junge Ingwerwurzel hat eine dünne Schale und zartes, würziges Fleisch. Alten Ingwer, der verschrumpelt und schlaff ist, sollte man nicht kaufen. Der Geschmack von Ingwer ist etwas säuerlich und scharf – richtige Schärfe bekommt ein Gericht allerdings erst, wenn man frischen Ingwer in großen Mengen verwendet.

Jalapeño-Chillies s. Chillies.

Kardamom Ein aromatisches, mildes Gewürz. Die kleinen, blaßgrünen Kapseln bestehen aus einer papierartigen Hülle und enthalten kleine schwarze Samenkörner. Man gibt Gerichten die ganzen Samenkapseln zu. Sie haben einen frischen Geschmack, der an Zitrone und Ingwer erinnert und zu pikanten und süßen Speisen paßt.

Kichererbsen Kleine, runde getrocknete Hülsenfrüchte von hellgelber Farbe. Sie müssen über Nacht eingeweicht und anschließend etwa 50 Min. in Wasser gekocht werden, bis sie richtig weich sind. Alternativ dazu kann man auch Kichererbsen aus der Dose verwenden. Der nußartige Geschmack von Kichererbsen paßt gut zu Nudeln, und ihr hoher Eiweißgehalt ist in Hauptgerichten wertvoll.

Koriander ein aromatisches Gewürz mit recht mildem Geschmack. Die kleinen, runden Samen in der Größe von Pfefferkörnern werden vor der Verwendung zerstoßen. Sie sind auch gemahlen erhältlich.

Korianderblätter Frisches Küchenkraut, das aus Koriandersamen gezogen wird, im Aussehen an glatte Petersilie erinnert, aber ein kräftigeres Aroma hat.

Kreuzkümmel Kleine, ovale Samenkörner mit einem markanten Geschmack; gewöhnlich sind die Samen weiß (bzw. cremefarben), doch bekommt man

auch schwarzen Kreuzkümmel. Gemahlener Kreuzkümmel hat ein recht kräftiges Aroma.

Kurkuma Leuchtend gelbes Gewürzpulver, das aus einer Wurzel gemahlen wird. Kurkuma hat ein sehr markantes, aber mildes Aroma.

Lasagne Lasagne sind breite Streifen oder Quadrate aus Pasta-Teig.

Lorbeerblätter Die Blätter des immergrünen Lorbeerbaums. Sie haben ein markantes Aroma, das ausgezeichnet zu vielen pikanten Gerichten und zu einigen süßen Puddings paßt. Lorbeerblätter lassen sich gut einfrieren, oder man verwendet sie in getrockneter Form.

Majoran Ein Küchenkraut mit süßlichem Aroma, das für viele Gerichte der Mittelmeerküche typisch ist. Majoran kann frisch oder getrocknet verwendet werden, wobei das frische Kraut einen milden Geschmack hat.

Maronenpilze s. Pilze.

Minze Ein bekanntes Küchenkraut, das am besten frisch oder tiefgefroren verwendet wird, weil das Aroma von getrockneter Minze weniger gut ist.

Mozzarella Hier handelt es sich um kleine, runde Frischkäse von etwas zäher Struktur, aber mit köstlichem, sahnigem, sehr mildem Aroma. Traditionell wird Mozzarella aus Büffelmilch hergestellt. Es empfiehlt sich, ausschließlich italienische Mozzarella zu kaufen, da sie besser als andere Sorten sind. Wird für Salate, als Pizza-Belag und für Nudelaufläufe verwendet.

Muskatblüte Muskatblüte ist der netzartige Samenmantel, von dem die Muskatnuß umhüllt ist. Muskatblüte ist getrocknet in orangefarbenen Streifen oder gemahlen erhältlich. Sie paßt sehr gut zu Ente, Wild, Fleisch und Wurstbrät.

Muskatnuß Harte, runde Nüsse, die mit einer kleinen Reibe über die Speisen gerieben werden. Das Gewürz hat ein süßes, kräftiges Aroma, das man für pikante und süße Speisen schätzt. Paßt gut zu Käse und Milchsaucen.

Olivenöl Eine wesentliche Zutat für frische italienische Pasta. Zahlreiche Bücher wurden dem Olivenöl gewidmet, da es viel Interessantes über seine Herstellung und Qualität zu berichten gibt. Olivenöl ist sehr unterschiedlich: Dunkelgrünes natives Olivenöl extra stammt aus der ersten Pressung. Es hat einen kräftigen Geschmack, der zusammen mit Knoblauch und Parmesankäse ausgezeichnet zu frischer Pasta paßt.

Olivenöl von hellerer Farbe, das aus späteren Pressungen stammt, hat weniger Aroma. Die meisten Supermärkte führen verschiedene Qualitäten, wobei der Preis und die Farbe ein guter Anhaltspunkt für den Geschmack sind. Besonders hochwertige Sorten findet man in vielen Feinkostgeschäften. Es lohnt sich, eine kleine Flasche mit bestem Olivenöl zu kaufen, wenn man den Geschmack schätzt – der Unterschied läßt sich bereits am Geruch erkennen.

Olivenöl von durchschnittlicher Qualität ist sehr gut zum Kochen geeignet; wer den Geschmack von Olivenöl allerdings für zu streng hält, kann eine Mischung aus Sonnenblumenöl und Olivenöl verwenden.

Oregano Ein wilder Majoran mit kräftigem Aroma, das gut zu den meisten Nudelgerichten paßt. Oregano kann natürlich auch getrocknet verwendet werden.

Paglia e Fieno Mischung aus schmalen grünen und hellen Bandnudeln; der italienische Name bedeutet auf deutsch „Stroh und Heu".

Parmesankäse Kräftiger Hartkäse, den man am Stück kaufen und dann bei Bedarf reiben sollte. Eine andere Möglichkeit ist es, ein größeres Stück in der Küchenmaschine zu reiben, den geriebenen Käse einzufrieren und dann portionsweise zu entnehmen. Frischer Parmesankäse hat ein süßliches Aroma, das nicht mit dem strengen Geruch und der Schärfe von getrocknetem geriebenem Parmesan zu vergleichen ist.

Pasta, frische Industriell hergestellte frische Pasta gibt es in einer begrenzten Auswahl an Formen, darunter Spiralnudeln, Hohlnudeln, Spaghetti, Bandnudeln und *paglia e fieno*. Selbstgemachter Pasta-Teig läßt sich von Hand in ungewöhnliche Formen, wie kleine Quadrate oder längliche Stücke schneiden.

Penne Dies sind kurze, dünne Hohlnudeln mit abgeschrägten Enden.

Petersilie Ein bekanntes Küchenkraut, das das ganze Jahr hindurch frisch erhältlich ist; es empfiehlt sich, eine größere Menge zu hacken und dann einzufrieren.

Pfefferkörner Sowohl weiße wie auch schwarze getrocknete Pfefferkörner haben ein besseres Aroma, wenn sie frisch gemahlen werden. Getrockneter grüner Pfeffer läßt sich gut zerstoßen. Rote oder rosa Pfefferkörner haben eine ähnliche Größe, gehören aber nicht zur gleichen Familie. Grüner Pfeffer ist auch eingelegt erhältlich. Er hat ein kräftig erfrischendes Pfefferaroma.

Pilze Es gibt viele Arten von Pilzen, doch auch die vertrauten frischen Champignons sind recht unterschiedlich. Kleine Champignons kann man im Ganzen oder auch halbiert verwenden. Sie haben eine helle Farbe und einen milden Geschmack. Etwas größere Champignons sind etwas dunkler und werden am besten in Scheiben geschnitten. Wiesenchampignons oder große Kulturchampignons können gefüllt oder gegrillt, aufgrund ihres guten Aromas aber auch für dunkle Saucen in Scheiben geschnitten werden. Helle Saucen verfärben sich allerdings.

Maronenpilze sind mittelgroß und haben geschlossene, braune Hüte. Sie sind kräftiger im Geschmack als gewöhnliche Champignons.

Austernpilze sind weich und haben eine helle Farbe. Sie haben große, flache, fächerförmige Hüte. Austernpilze sollten nur kurz pochiert oder gebraten werden. Sie eignen sich gut für Gerichte mit Mischpilzen.

Pinienkerne Kleine, ovale, cremeweiße Samen mit nußigem Geschmack. Man nimmt sie für Pesto oder geröstet für verschiedene Saucen und Gerichte.

Pistazienöl Hellgrünes Öl aus Pistazien, das wegen des kräftigen Aromas nur in kleinen Mengen verwendet werden sollte.

Ravioli Je nach Region runde oder viereckige gefüllte Nudeln.

Reisnudeln Chinesische und japanische Nudeln aus Reismehl. Sie haben eine weiße Farbe und können auch durchsichtig sein; ihre Breite reicht von breiten Bandnudeln bis zu sehr feinen Vermicelli. Reisnudeln haben eine kurze Garzeit und einen feinen Geschmack sowie eine zarte Textur. Frische Reisnudeln sind in asiatischen Lebensmittelmärkten erhältlich.

Ricotta Ein weicher Frischkäse, der aus Molke hergestellt wird. Er schmilzt und zerläuft beim Kochen aber nicht. Man verwendet ihn für Pasta-Füllungen und in Gnocchi-Teig.

Rosmarin Würzkraut mit intensivem Aroma und kurzen, dunkelgrünen, schmalen Blättchen, die an holzigen Stengeln sitzen. Getrockneter Rosmarin hat eine recht holzige Beschaffenheit. Paßt gut zu Schweinefleisch und Lamm.

Salbei Würzkraut mit weichen, blaßgrünen Blättern und pfeffrigem Geschmack. Paßt gut zu Schweinefleisch, Gemüse und Käse.

Salsa Mexikanische Bezeichnung für eine pikante Sauce.

Sonnengetrocknete Tomaten Die Tomaten, die päckchenweise verkauft werden, lassen sich mühelos mit einer Schere in Streifen schneiden. Sie verleihen Gerichten ein volles Aroma. Man kann sie in Flüssigkeit oder Olivenöl einweichen (es gibt auch in Olivenöl eingelegte) oder in Saucen köcheln lassen.

Tagliatelle Bandnudeln.

Tahin Eine beigefarbene Paste aus Sesamsamen.

Thymian Bekanntes kleinblättriges Würzkraut mit kräftigem Aroma. Kann frisch oder getrocknet verwendet werden.

Tofu Ist auch als Bohnenquark bekannt und wird aus Sojabohnen hergestellt. Die Masse wird zu Blöcken gepreßt verkauft und in den Geschäften im Kühlregal gelagert. Tofu hat keinen Eigengeschmack und nimmt daher die Aromen der anderen Zutaten auf, mit denen er gegart wird. Geräucherter oder aromatisierter Tofu ist ebenfalls im Handel.

Tortellini
Kleine gefüllte Nudeln. Zum Formen füllt man quadratische oder runde Teigblätter, verschließt sie zu dreieckigen Teigtaschen und drückt dann die langen Enden zusammen.

Walnußöl Öl mit kräftigem Geschmack, das man in kleinen Mengen zum Aromatisieren von Speisen verwendet. Man kann damit Pasta-Teig aromatisieren oder Saucen verfeinern.

Wasserkastanien Kleine, runde, weiße Wasserkastanien aus der Dose sind knackig und haben ein leicht nußiges Aroma. Man verwendet sie für asiatische Gerichte und schneidet sie gewöhnlich in Scheiben.

Won-tan Kleine chinesische Teigtaschen, die aus einem leichten, nudelähnlichen Teig und verschiedenen Füllungen hergestellt werden. Sie können in Wasser oder Brühe gegart oder fritiert werden.

Yamswurzel Großes Knollengemüse mit fester Schale und weißem Fleisch, das in rohem Zustand etwas schleimig ist. Die geschälten Knollen in Stücke schneiden und je nach Größe 10–20 Minuten in gesalzenem Wasser kochen, bis sie weich sind. Abgießen; das Gemüse ähnelt sehr mehligen Kartoffeln.

Zimt Gewürz für pikante, süße Speisen. Zimt, der aus der getrockneten Innenrinde des Zimtbaums gewonnen wird, ist in Form von Zimtstangen oder gemahlen erhältlich. Man bekommt auch ungeschälte Rindenstücke. Stangen und Rindenstücke vor dem Servieren entfernen.

REGISTER